TERAPIA COGNITIVO CONDUCTUAL

3 LIBROS EN 1

Guía Definitiva para Niños, Adolescentes y Adultos. Controla la Ira, la Ansiedad, la Depresión, el Pánico, el TDAH y el TOC. Supera el TEPT y la Adicción

Tara Wilson

Traductora: Juliana Correa Nieto

Contenido

Terapia Cognitivo Conductual para Niños

Terapia Cognitivo Conductual para Adolescentes

Terapia Cognitivo Conductual para Adultos

Terapia Cognitivo Conductual para Niños

Métodos y Ejercicios Probados para Ayudar a los Niños a Aliviar la Ansiedad, la Depresión y los Problemas Emocionales. Supera el TDAH, el TEPT y el TOC

Tara Wilson

Traductora: Juliana Correa Nieto

Introducción

Gracias por haber elegido *Terapia Cognitivo-Conductual para Niños*. Espero que la información contenida en este libro pueda ayudarles a ti y a tu hijo a superar lo que estén experimentando. En ocasiones, como adultos, nos olvidamos de que los niños pueden experimentar algunas emociones duras o situaciones horribles. Los descartamos porque son "jóvenes y resistentes", pero eso es un error. Las cosas que ocurren durante la infancia tienen efectos duraderos, y pueden causarles algunos problemas serios más adelante en la vida.

Este libro tiene como objetivo ayudar a los niños a superar estas cosas mediante el uso de la TCC (terapia cognitivo-conductual). En este libro encontrarás capítulos que tratan sobre el TDAH, los trastornos del estado de ánimo, los trastornos alimentarios, el TOC, los traumas y las autolesiones. Dentro de cada capítulo, encontrarás ejercicios de TCC para ayudar a los niños a superar estos problemas. Están dirigidos a niños de hasta 12 años. Como tal, es probable que necesiten la ayuda de los padres.

En este libro encontrarás un capítulo en el que se habla de cuál es tu papel como padre a la hora de ayudar a tu hijo con estos ejercicios e introducirlo en la TCC. Asimismo, es importante que sepas en qué necesita ayuda tu hijo. Elige el capítulo o los capítulos que se relacionen con el problema de tu hijo y utiliza esas técnicas. No importa cuál sea el problema, todos los niños deberían aprender mindfulness, que se tratará en el capítulo tres. El mindfulness es una habilidad útil que ayudará a tu hijo a lo largo de su vida.

Pero es importante que vayas despacio en este proceso y que no hagas sentir a tu hijo que se le está obligando a hacer algo. En función de lo que te haya traído hasta aquí, esto podría acabar causando más problemas que beneficios si se les obliga a hacerlo.

Lo importante es ayudarles y guiarles. Una vez más, gracias por elegir este libro. Espero que a ti y a tu hijo les resulte útil.

Capítulo 1

¿Qué es la TCC?

L a mayoría de los niños piensan y aprenden de forma diferente, pero algunos de ellos también tienen algunos problemas de salud mental. En el caso de algunos de estos niños, el mero hecho de aprender a enfrentarse a sus retos puede hacer que se sientan mal consigo mismos o causarles mucho estrés, algo que no necesitan.

Para ello, existen varios tratamientos que pueden ayudarles a afrontar sus problemas de salud mental, y la TCC es uno de ellos.

TCC significa terapia cognitivo-conductual. Es una terapia conversacional que puede ayudar a las personas sin importar la edad que tengan, y esto incluye a los adolescentes e incluso a los niños más pequeños. La TCC hace hincapié en las formas en que las emociones y el pensamiento pueden cambiar los comportamientos de una persona. Incluso si tu hijo no ha sido diagnosticado con un trastorno de salud mental, puede beneficiarse de la TCC.

La TCC suele incluir objetivos y un número específico de sesiones que han sido acordados por todas las partes. Así, el terapeuta puede ayudar al niño a aprender a sustituir sus patrones de pensamiento negativos por otros más productivos. Gracias a los juegos de rol y otros métodos, el niño podrá practicar diferentes formas de manejar cualquier situación estresante. Este tipo de terapia se centra en el futuro y en el presente en lugar de en el pasado. Algunos objetivos de la TCC son:

- Ayudar a un niño a cambiar los comportamientos que le causan problemas diariamente.

- Ayudarles a sustituir cualquier pensamiento negativo por uno positivo y realista

- Conseguir que analicen sus comportamientos, sentimientos y pensamientos

Si bien la TCC no fue diseñada para "curar" ninguna condición como el TDAH, puede utilizarse para trabajar con otras terapias y mejorar ciertas condiciones. La TCC para niños tiene aplicaciones diarias que funcionan bien para los niños. Sirve para que el niño aprenda lo negativos que son sus patrones de pensamiento y para que aprenda a sustituirlos por otros positivos. La búsqueda de nuevas formas de ver las cosas puede ayudar al niño a aprender formas de responder y mejorar en lugar de empeorar una situación estresante.

Esta terapia puede dar a tu hijo estrategias que sean realistas para él y que le ayuden a mejorar su vida en cada momento. Cuando estas estrategias se conviertan en un hábito, estas nuevas habilidades les acompañarán durante toda su vida.

Digamos que tu hijo está aprendiendo a leer pero tiene dificultades con algunas palabras. Una noche, mientras te lee, tira el libro al suelo y dice: "Soy un estúpido. No puedo aprender. No voy a leer más libros".

La TCC puede ayudar a tu hijo a cuestionar sus pensamientos y sustituirlos por algo como "Soy bueno en muchas cosas. Mis problemas de lectura pueden dificultar el aprendizaje, pero soy tan inteligente como los demás niños de mi clase. Hay muchas herramientas que puedo utilizar para facilitar mi lectura".

Mediante la TCC, tu hijo y su terapeuta pueden trabajar juntos para establecer algunos objetivos, encontrar cualquier área problemática y comprobar sus progresos. A los niños se les puede asignar la tarea de hacer algunos ejercicios entre las sesiones para reforzar las habilidades que han estado aprendiendo.

La TCC puede ayudar al niño a aprender formas de control:

- Berrinches
- Desafío
- Impulsividad
- Pensamientos autodestructivos

Esto puede ayudar al niño a sustituir las reacciones negativas por:

- Más autocontrol
- Habilidades para resolver problemas
- Mejores mecanismos de afrontamiento
- Una mejor imagen de sí mismo

En este capítulo, veremos cómo funciona la TCC para los niños y cómo puedes encontrar un terapeuta cualificado para tu hijo.

TCC y niños

Normalmente, el niño, su cuidador o padre y el terapeuta hablarán de sus objetivos y crearán un plan de tratamiento. La TCC adopta un enfoque estructurado que puede ayudar a resolver los problemas en un número determinado de sesiones. Es posible que sean tan solo seis sesiones o incluso hasta 20 o posiblemente más. Todo depende del niño y de sus objetivos.

A pesar de que la TCC es un tipo de terapia conversacional, es mucho más que hablar. El terapeuta trabajará de varias maneras para dar al niño las habilidades que necesita para empoderarse y tomar el control de sí mismo. La terapia le enseñará al niño habilidades que podrá utilizar inmediatamente.

Puedes elegir entre utilizar la TCC sola o con otras terapias y medicamentos que puedan necesitar. Su lugar de tratamiento podría cambiarse para adaptarse a las diferencias regionales o culturales.

Existen varias técnicas que el terapeuta puede utilizar. Una de ellas se conoce como modelado. Con esta técnica, el terapeuta le mostrará a tu hijo el comportamiento que quiere que utilice, como por ejemplo enfrentarse a un acosador.

Otra técnica se llama reestructuración. En este enfoque, los niños aprenderán a ver y luego a sustituir cualquier pensamiento negativo. Por ejemplo, pueden cambiar la afirmación "Se me dan fatal las matemáticas" por "Algunas partes de las matemáticas son difíciles para mí. Pero hay muchas otras que puedo hacer". Más adelante veremos más técnicas.

La TCC consta de algunos pasos, entre los que se incluyen:

- Encontrar las cosas de la vida que te molestan
- Ser consciente de tus sentimientos y pensamientos sobre estas cosas
- Notar cualquier pensamiento que no sea acertado o negativo
- Cambiar la forma de pensar en algo más positivo

Técnicas

Hay muchas técnicas diferentes dentro de la comunidad de la TCC. A continuación podrás encontrar varias formas diferentes.

- **Exposición**

En este tipo de terapia, el terapeuta expondrá lentamente al niño a ciertas cosas que pueden desencadenar su ansiedad.

- **Reestructuración**

Con esta técnica, el niño aprenderá a tomar sus pensamientos negativos y a cambiarlos por otros mejores. Por ejemplo, tu hijo puede decir algo como "Soy malísimo en el fútbol. Soy un completo perdedor". Con la TCC, puede cambiarlo por: "No soy el mejor jugador del equipo, pero soy bueno en muchas cosas diferentes, y puedo practicar y mejorar".

- **Modelado**

El terapeuta puede representar un ejemplo del comportamiento que quiere que el niño aprenda, por ejemplo, la manera de responder a los acosadores. Puede pedir al niño que imite lo que ellos hacen o mostrarle cómo podría hacerlo.

- **TCC centrada en el trauma**

Esta terapia se ha utilizado para tratar a niños que han sido afectados por un trauma, y esto incluye la supervivencia a un desastre natural. Su terapeuta podría centrarse en los problemas cognitivos y de comportamiento que están directamente relacionados con el trauma que el niño experimentó.

- **Terapia de juego**

Los juegos de rol, las marionetas, las muñecas, las manualidades y el arte se utilizan para ayudar al niño a abordar sus problemas y encontrar soluciones. Esto puede ayudar a los niños más pequeños a comprometerse más con su terapeuta.

En realidad, no importa la técnica que elija el terapeuta. La TCC puede realizarse de varias maneras, como:

- **Grupal:** incluiría al niño, al terapeuta y a otros niños que estén tratando de resolver problemas similares o los mismos.

- **Familiar**: en estas sesiones pueden participar los padres, cualquier hermano y otras personas que vivan en la misma casa o estén muy cerca del niño.

- **Padre-hijo**: el terapeuta del niño trabajará con los padres y el niño juntos. Enseñarán a los padres habilidades para que puedan ayudar a su hijo a sacar el máximo provecho de su TCC.

- **Individual**: en estas sesiones solo participarán el terapeuta y el niño.

Condiciones que la TCC podría ayudar

Como ya se ha dicho, tu hijo no tiene que estar diagnosticado con ningún problema de salud mental para sacar el máximo provecho de la TCC. Esta terapia puede ayudar con la baja autoestima, el miedo, el estrés crónico y otros problemas emocionales. La TCC puede enseñar al niño a gestionar sus emociones y a poner las cosas en perspectiva. A fin de que la TCC funcione en los niños, deben conocer sus patrones de pensamiento. Algunos niños pueden hacerlo a los seis o siete años, pero otros pueden no tener esa capacidad hasta que sean mayores. Puede ser muy eficaz cuando se trata de ciertas condiciones como:

TDAH

A los niños que padecen TDAH les cuesta mucho quedarse quietos y pueden tener ciertos comportamientos impulsivos. Aunque hay medicamentos que pueden tratar este trastorno, puede haber ocasiones en las que ésta no debería ser la primera y, desde luego, no la única opción de tratamiento.

A pesar de que un niño toma medicamentos para el TDAH, algunos pueden seguir teniendo algunos síntomas que simplemente no desaparecen. Las investigaciones han demostrado que en algunos adolescentes, añadir la TCC a su medicación funciona mejor.

Trastornos del estado de ánimo y ansiedad

La investigación ha demostrado que la TCC es muy eficaz cuando se trata de niños que han sido diagnosticados con trastornos del estado de ánimo y ansiedad. Un estudio descubrió que la TCC era un tratamiento muy eficaz para los niños que tienen trastornos de ansiedad.

Los padres también desempeñan un papel en la TCC. Un estudio realizado en 2010 descubrió que los padres que participan activamente en la TCC de su hijo ayudaban al niño a manejar mejor su ansiedad. La mayoría de estos niños tenían entre tres y siete años. En este estudio participaron 37 niños, pero mostraron una gran mejoría tras acudir a 8,3 sesiones.

Ansiedad con trastorno del espectro autista

La mayoría de los adolescentes que tienen un trastorno del espectro autista de alto funcionamiento normalmente también tienen ansiedad. En un estudio realizado en 2015, se creó un programa de TCC para preadolescentes que tienen trastornos del espectro autista junto con ansiedad clínica. Este programa se centró en:

- Tratamientos que eran específicos para el trastorno del espectro autista.
- Apoyo conductual que fue dado por sus cuidadores
- Desafiar sus creencias irracionales
- Exposición

En este pequeño estudio participaron 33 niños de entre 11 y 15 años. Todos los padres informaron de que la TCC tiene un efecto positivo sobre la gravedad de los síntomas de ansiedad de sus hijos.

TEPT y trauma

La TCC es un gran tratamiento para el TEPT en adolescentes y niños. Tiene beneficios tanto a largo como a corto plazo. Según un estudio de 2011, encontraron grandes mejoras cuando hicieron un seguimiento a los 18 meses y de nuevo a los cuatro años. La TCC es eficaz para el TEPT crónico y agudo después de varias experiencias traumáticas diferentes, incluso cuando el niño era muy joven.

La TCC podría ser útil cuando se trata:

- Autolesiones
- TOC o trastornos obsesivo-compulsivos
- Obesidad
- Trastornos de la alimentación
- Depresión
- Trastorno bipolar
- Abuso de sustancias

Hojas de trabajo para niños

Explicar la TCC a un niño pequeño debe hacerse en términos sencillos. A fin de facilitar las cosas, algunos terapeutas utilizan hojas de trabajo para ayudar al niño a visualizar conceptos específicos.

El niño puede dibujar burbujas de pensamiento en blanco para rellenarlas con sus propios pensamientos. El terapeuta puede preguntarle en qué están pensando las personas del dibujo. Algunas hojas de trabajo pueden incluir señales de alto que pueden ayudar al niño a ver que está a punto de perder el control.

Estas hojas de trabajo pueden ayudar a los adolescentes y a los niños a aprender más sobre sus pensamientos, acciones y sentimientos y a ver cómo están conectados. Utilizando estas hojas de trabajo, podrán comprender todo lo que han aprendido. La TCC podría incluir recompensas, listas de control y planificadores para ayudarles a recordar que deben completar sus tareas.

¿Es eficaz la TCC para los niños?

La TCC ha demostrado ser extremadamente eficaz para varios problemas durante la infancia.

Varios estudios muestran que más del 60 por ciento de todos los niños que han sido tratados con TCC por algún trastorno de ansiedad se recuperan con una gran disminución de los síntomas después de su tratamiento. Más seguimientos muestran que los niños que fueron tratados en clínicas de salud mental de la comunidad muestran que sus tasas de recuperación continúan hasta cuatro años después de su tratamiento inicial.

Algunos estudios han demostrado que la mayoría de los adolescentes con TDAH que recibieron TCC mostraron grandes reducciones en la gravedad de sus síntomas.

Los niños diagnosticados con TEPT que recibieron TCC centrada en el trauma tuvieron una mejora significativa en su ansiedad, depresiones y síntomas de TEPT. Un estudio descubrió que el 92 por ciento de sus participantes no cumplían los criterios para ser diagnosticados con TEPT después de recibir la TCC. Esta ganancia seguía presente en su seguimiento de seis meses.

Cómo encontrar un terapeuta de TCC para tu hijo

A pesar de que muchos terapeutas han recibido formación en TCC, es importante encontrar uno que tenga experiencia en el trabajo con niños. El pediatra de tu hijo podría remitirte a uno bueno. Es posible que su médico conozca a un terapeuta especializado en niños con diferencias de pensamiento y aprendizaje.

Puedes consultar a familiares o amigos que hayan utilizado la TCC en el pasado o llamar a la asociación local de trabajadores sociales o psicólogos. También podrías hacer una búsqueda en Internet en la "Association for Behavioral and Cognitive Therapies".

Cuanto antes te des cuenta de que tu hijo tiene problemas emocionales, antes podrás conseguirle ayuda.

Es necesario que conozcas los signos de la depresión y la ansiedad en los niños. Aprende más sobre la conexión entre la ansiedad y el TDAH y la ansiedad y la velocidad de procesamiento lenta. Puedes aprender más sobre un tipo de TCC que se llama DBT o terapia dialéctica conductual.

Aquí hay una lista de cosas que hay que buscar:

- Transparencia: Trata de encontrar un profesional que esté dispuesto a decirte sus objetivos y te ofrezca una planta de tratamiento después de haber hecho una evaluación inicial de tu hijo. La mayoría hará una sesión inicial en la que participarán tanto tú como tu hijo.

- Experiencia: Intenta buscar un profesional que haya trabajado durante varios años con niños o que esté especializado en niños.

- Credenciales: Intenta buscar un psiquiatra, psicólogo, trabajador social clínico, terapeuta familiar o consejero autorizado. Cuando tienen licencia, esto demuestra que han cumplido con las normas legales para ejercer en el estado en el que vives.

A modo de resumen

La TCC puede ayudar a los niños a aprender cómo sus emociones y pensamientos afectan a sus comportamientos y cómo una cosa tan sencilla como cambiar sus emociones y pensamientos podría cambiar su comportamiento y cómo se sienten.

La TCC es muy segura. Constituye una terapia muy eficaz que puede ayudar a tu hijo con una gran variedad de problemas y afecciones.

Capítulo 2

El papel de los padres

L a salud mental es un desarrollo fundamental durante la infancia, pero puede ser bastante difícil de calibrar. Los padres tienen que ser conscientes del estado mental de tu hijo tanto como de su estado físico. Todo ello empieza por saber qué significa para un niño tener una buena salud mental.

El común de la gente puede utilizar la palabra "loco" para describir a una persona que tiene una mala salud mental. Así, por ejemplo, las personas que padecen trastornos mentales que les impiden regular sus respuestas emocionales y de comportamiento, como el trastorno bipolar o la esquizofrenia, pueden ser calificadas de locas. Una buena salud mental es mucho más que no tener una enfermedad mental. Según la Organización Mundial de la Salud, la salud mental forma parte del bienestar general de una persona:

- Contribuir a la sociedad

- Trabajar de forma productiva

- Hacer frente a los factores de estrés normales

- Ser capaz de reconocer sus propias capacidades

La "buena salud mental" de un niño es bastante esquiva porque en él se producen cambios constantes. Las acciones apropiadas durante una determinada etapa de desarrollo pueden indicar un trastorno mental en una etapa diferente. Por ejemplo, un niño de tres años no ha desarrollado habilidades de afrontamiento y autorregulación que le hagan tener una rabieta cuando no consigue lo que quiere, lo que se considera típico en su etapa de desarrollo. No obstante, un niño de 16 años que debería tener más habilidades de afrontamiento y autorregulación, pero no las tiene y actúa como el niño de tres años cuando se le niega algo, no es típico para su etapa de desarrollo. Además, para los niños, lidiar con la presión de los compañeros, la imagen de sí mismos y aceptar las diferencias en el mundo mientras mantienen el deseo de seguir aprendiendo va a afectar a su salud mental.

Finalmente, la salud mental de una persona no es solo un tema de naturaleza contra crianza. Tiene que haber algún tipo de equilibrio. La salud mental está muy influenciada por el entorno físico, la sociología y la biología del niño.

La conciencia de sí mismo empieza a desarrollarse a una edad muy temprana. Todo bebé investiga su cuerpo para encontrarle sentido. A medida que envejecen, aprenden a hacer una comparación entre ellos mismos y los demás. Podríamos considerar los problemas de salud mental como malas hierbas que simplemente buscan un buen lugar para echar raíces. Si un padre deja que esas malas hierbas crezcan, van a asfixiar el jardín mental sano.

El Cirujano General, en el año 2000, estimó que alrededor de 15 millones de jóvenes tenían algún tipo de problema de salud mental. Este número ha seguido creciendo a un ritmo extremadamente alarmante. Según el "National Institute of Mental Health", el suicidio es una de las principales causas de muerte de los jóvenes y niños de 15 a 24 años.

Entonces, ¿qué pueden hacer los padres para ayudar a sus hijos? En primer lugar, ya han empezado con buen pie porque están leyendo esto. A veces es difícil identificar la enfermedad mental en el niño moderno porque los obstáculos a los que se enfrentan son muy diferentes de los que experimentaron sus padres. El acoso escolar no es nada nuevo. Sin embargo, está más extendido hoy en día que hace diez años, y nos hemos vuelto mucho más conscientes de los horribles efectos secundarios que el acoso puede tener en la salud mental de nuestros hijos. El ciberacoso sigue siendo una nueva forma de acoso, y tiende a ser más perjudicial. La forma en que los niños socializan ha cambiado, pasando de interactuar en el patio de recreo y en su barrio a interactuar virtualmente a través de las redes sociales, los mensajes de texto o los sitios de juegos. Si a esto le añadimos una mayor exposición a imágenes corporales inapropiadas y a la violencia en los medios de comunicación, no es de extrañar que los niños de hoy en día tengan dificultades para mantener y establecer una buena salud mental.

No hay manera de proteger completamente a los niños del mundo. Va a haber algún tipo de influencias nocivas que los padres no pueden controlar. Dicho esto, hay muchas medidas que se pueden tomar para minimizar el riesgo de que tu hijo desarrolle trastornos mentales problemáticos.

La salud mental de los niños comienza con la forma en que sus padres les responden y perciben. Durante la primera y segunda infancia, los niños quieren asegurarse de hacer felices a sus cuidadores. Esto sigue siendo así, incluso después de que tengan que empezar a ajustarse a las normas sociales y a esforzarse por crear la independencia que conlleva la adolescencia: fomentar el amor y la aceptación dentro del hogar desde que nacen les va a ayudar a desarrollar una imagen positiva de sí mismos que les ayudará a superar posibles escollos que podrían hacerles tomar decisiones que pongan en riesgo su salud mental. Mantén las líneas de comunicación abiertas y aprende la mejor manera de hablar con tu hijo que no implique regaños, sobornos o sarcasmo.

Los padres suelen ser los principales catalizadores a la hora de desarrollar la autoestima y la autoaceptación mediante el acto de ayudar y animar a sus hijos a explorar sus talentos e intereses, al tiempo que les enseñan a establecer objetivos realistas.

En una época de influencias potencialmente dañinas que pueden aparecer en el mundo cibernético, la "Academia Americana de Pediatría" recomienda que un niño no pase más de dos horas de tiempo frente a una pantalla cada día. Esto incluye ver la televisión, los juegos y las redes sociales. Lo importante para los padres es que deben establecer limitaciones y normas sobre el uso de Internet y los aparatos electrónicos. Además, los padres pueden animar y dar a sus hijos la oportunidad de realizar otras actividades, como leer libros, explorar aficiones, jugar al aire libre y establecer citas para jugar.

También es importante aprovechar las opciones de la comunidad. Muchas comunidades ofrecen grupos de interés especial, programas de biblioteca y centros de recreo. Estas comunidades también ofrecen ayuda para mejorar la salud mental de los niños, incluido el asesoramiento.

La respuesta no es sencilla, pero ser padre tiene que ver con algo más que asegurarse de que tu hijo tiene las necesidades básicas, como comida, ropa y vivienda. Es igual de importante que los padres recuerden que los niños no son adultos diminutos con capacidad de razonamiento y juicio social, que solo se desarrolla más adelante en la vida. Para que los niños tengan una buena salud mental, es necesario que haya modelos de conducta, instrucciones y orientación adecuados. Los padres también tienen que interactuar con sus hijos de forma aceptante y cariñosa, establecer límites adecuados con respeto, comunicarse con ellos, interesarse por sus vidas y ayudarles a crear objetivos. Al hacer esto, los padres pueden estar seguros de que están dando a sus hijos una gran ventaja que les ayudará a tener una buena salud mental.

Cómo utilizar este libro

Ya que estás aquí, lo más probable es que tu hijo haya empezado a mostrar los signos de problemas de salud mental, y eso está bien. Lo que acabamos de comentar se puede empezar a hacer ahora para ayudarles en el futuro, pero en este momento, también hay que ayudarles a valerse por lo que puedan estar luchando. Por suerte, este libro es bastante sencillo y fácil de usar.

Además, el resto del libro está dividido por trastornos. Sin embargo, encontrarás que algunas de las técnicas pueden funcionar en diferentes áreas porque la mayoría de los problemas tienen su origen en la autoestima y en las distorsiones del pensamiento. Todos los capítulos comenzarán con un análisis del trastorno y, a continuación, las técnicas de TCC y las hojas de trabajo. Cada una de estas técnicas tendrá instrucciones para que sepas exactamente cómo utilizarlas. Según la edad de tu hijo, que está orientado a niños de hasta 12 años, puede ser capaz de trabajar por su cuenta con una ayuda mínima. Otros pueden necesitar más ayuda. Sin embargo, sea cual sea su edad, debes comentar con ellos sus respuestas para ayudarles a entender lo que están experimentando.

Sin embargo, hay que tener en cuenta que los niños tienden a evitar decir toda la verdad cuando se trata de problemas con su familia. Si sus problemas son familiares, y a veces incluso si no lo son, pueden preocuparse por responder a las preguntas con toda la verdad, por miedo a disgustarte. Por eso es buena idea buscar un terapeuta o consejero que pueda intervenir, ya que esto le dará a tu hijo la seguridad de que no está haciendo algo malo. Lo principal es escuchar a tu hijo y tomar en serio lo que dice.

Explicar la TCC de una manera amigable para los niños

Antes de que tu hijo empiece a utilizar este cuaderno, tendrá que entender lo que está pasando, al menos hasta cierto punto. La TCC se basa en un modelo cognitivo abstracto que puede ser difícil de entender incluso para los adultos. Ayudarles a entender la conexión entre el comportamiento, los pensamientos y los sentimientos es un primer paso importante para enseñarles a modificar y examinar sus cogniciones. De ahí la importancia de explicarles esta conexión de una forma adecuada para los niños.

Por suerte, tengo una historia que suele resonar bien con los niños pequeños, especialmente con aquellos para los que es adecuada una explicación más concreta. Se trata de una versión de la "Historia de la montaña rusa" que se publicó por primera vez en *Cognitive Therapy for Adolescents in School Settings*. Este es solo un ejemplo de cómo se puede explicar el modelo cognitivo en forma de cuento, y puedes modificar la historia según sea necesario.

Antes de empezar a trabajar con cualquiera de las técnicas, deberías compartir esta historia, o una similar, con tu hijo para que te ayude a explicarle lo que está pasando. Puedes hacer dibujos en una pizarra o en un papel mientras cuentas la historia para ayudar a que tu hijo participe un poco más. A continuación te ofrecemos un ejemplo de la historia de la montaña rusa que puedes utilizar. Recuerda que se puede modificar.

"Un día, un par de amigos fueron al parque de atracciones a divertirse. En el centro del parque había una montaña rusa gigantesca. Cuando las chicas vieron la atracción, ocurrió algo extraño. Una de las chicas, llamada Cindy, corrió para ponerse en fila y subirse a la montaña rusa. La otra, Jill, caminó más despacio para ponerse en la cola. Mientras estaban allí, tenían un aspecto parecido a este".

Ahora sería cuando se puede hacer un dibujo de las dos niñas. Cindy mostraría señales no verbales de excitación, como una gran sonrisa y una postura corporal abierta. Jill tendría indicios no verbales que muestran que está ansiosa, como ojos muy abiertos, una boca tensa, etc.

"Veamos a Cindy. ¿Cómo crees que se siente Cindy?"

Para esta pregunta, tienes que hacer hincapié en cómo se siente Cindy basándote en las señales no verbales que está mostrando y no en lo que está haciendo o pensando.

"Si echas un vistazo a Jill, ¿cómo crees que se siente?"

De nuevo, el énfasis debe ponerse en cómo se siente Jill en lugar de en lo que están haciendo o pensando.

"Creo que puedes tener razón. Se ve que Cindy está muy emocionada por montar en la atracción, pero Jill parece muy nerviosa. Esto es lo interesante. Algunas personas creen que las situaciones las hacen sentir de una manera específica, como que la montaña rusa hace que Cindy esté emocionada y Jill nerviosa. Pero si ambas están en la cola para la misma atracción, ¿cómo podrían sentirse de forma diferente? ¿Qué podría hacer que se sintieran de forma diferente?".

Motívales a que hagan algunas conjeturas. Si lo necesitas, puedes proponerles algunas ideas para ayudarles o hacerles algunas preguntas concretas. Por ejemplo, puedes preguntar algo como: "¿Qué crees que se está diciendo Cindy mientras hace cola? ¿Qué está diciendo Jill?". Estás tratando de llegar a los pensamientos automáticos que las niñas están teniendo cuando miran la atracción. Dibujar una pequeña burbuja de pensamiento sobre sus cabezas puede ayudarlas a pensar en lo que puede estar pasando por la mente del niño. La meta es conseguir que consideren que Cindy tiene pensamientos positivos, mientras que Jill está teniendo pensamientos negativos.

"Apuesto a que tienes razón. Es probable que Cindy esté pensando en lo divertido que va a ser el paseo, y que Jill piense que puede pasar algo malo. Me pregunto si es posible que la atracción no haga que las chicas se sientan así. ¿Es posible que algo más esté causando estos sentimientos?"

Hazles otras preguntas según sea necesario para ayudarles a concluir que los sentimientos de las niñas están relacionados con sus diferentes pensamientos sobre el paseo.

"Pensemos en otra cosa. ¿Qué podría decirle Cindy a Jill para ayudarla a sentirse un poco mejor al subir a la montaña rusa?"

En este caso buscas que se les ocurra algo que pueda ayudar a Jill a sobrellevar su preocupación y a subirse a la montaña rusa. Algunos ejemplos son: "Me sentaré contigo para ayudarte a sentirte mejor", "Sé que puedes hacerlo" o "Piensa en lo orgullosa que estarás después".

"Creo que tienes razón. Si Cindy le dice a Jill que se sentará con ella, y Jill se centra en lo orgullosa que se sentirá después, es probable que Jill se sienta mejor para ir a la atracción. Puede que siga sintiéndose nerviosa, pero cambiar sus pensamientos puede ayudarle a ser lo suficientemente valiente como para intentarlo".

"Eso es muy parecido a lo que vas a hacer tú. Aprenderá a captar lo que se dice a sí mismo y a susurrarse algo al oído para sentirse mejor. Serás capaz de averiguar lo que piensas en diferentes situaciones y cómo esos pensamientos te llevan a sentimientos y acciones. Luego podrás averiguar lo que te dirás a ti mismo para ayudarte a actuar de forma diferente y sentirte mejor. ¿Qué te parece?"

Esta es una historia habitual que los terapeutas utilizan para explicar el modelo cognitivo a sus clientes. Se puede cambiar la historia para que coincida con las cosas que le gustan o no a tu hijo. Por ejemplo, puedes poner a dos niños sentados en la escalera cuando sale un tipo.

Capítulo 3

Practicando el Mindfulness

N o importa la edad de tu hijo; puede beneficiarse de la práctica de el mindfulness. El mindfulness es una práctica que se basa en el objetivo de traer más conciencia al momento presente. Puede ayudar a los cuidadores y a los padres pero aliviando el estrés y promoviendo la felicidad. En este capítulo encontrarás algunos consejos básicos para niños que también pueden hacer los adultos. Asimismo, contiene algunas actividades que pueden ayudar a desarrollar la empatía, la curiosidad, la concentración y la compasión. Ten en cuenta que el mindfulness puede ser muy divertido.

Por qué los niños necesitan Mindfulness

Desde sus primeros momentos, los niños pueden beneficiarse de la práctica del mindfulness, ya que puede ayudar a reducir su ansiedad y aumentar su felicidad. Ya desde el nacimiento, nos encontramos con adversidades. Los bebés se cansan y tienen hambre. Los niños pequeños trabajan mucho en el autocontrol y las habilidades lingüísticas. A medida que el niño se desarrolla hasta la adolescencia, su vida se complica cada vez más. El ejercicio de su independencia, la navegación por la escuela y el desarrollo de las relaciones pueden llegar a ser extremadamente estresantes para todos los niños.

El mindfulness puede utilizarse en todas las etapas del desarrollo para fomentar la felicidad y reducir la ansiedad. El mindfulness es una técnica sencilla que enseña a prestar atención al presente de una manera que no juzga y acepta. La idea de el mindfulness ha ido creciendo en popularidad a lo largo de los años. Personas como ejecutivos, atletas y niños están aprendiendo sobre mindfulness para mejorar sus habilidades y su vida.

Hábitos tempranos

La práctica de mindfulness puede ser muy beneficiosa para los niños. Los hábitos que se forman desde una edad muy temprana influirán en sus comportamientos una vez que sean adultos. El uso del mindfulness ofrece la posibilidad de enseñar a los niños a ser tolerantes, pacíficos y amables.

El mindfulness puede dar a los niños un respiro de los problemas que encuentran en su vida diaria. Puede enseñarles lo hermoso que es estar presente en cada momento.

La mayor razón por la que el mindfulness es tan útil en los niños es el desarrollo de su cerebro. Aunque el cerebro siempre se está desarrollando, las conexiones que se establecen en el córtex prefrontal lo hacen más rápidamente durante nuestra infancia. El mindfulness promueve habilidades que son controladas en gran medida por nuestra corteza prefrontal, como el control cognitivo. Esto puede tener un gran impacto en el desarrollo del juicio, la paciencia y la autorregulación.

Modelar el mindfulness

No se puede externalizar el mindfulness. Para los cuidadores y los padres, lo mejor que se puede hacer a la hora de enseñar mindfulness a los niños es practicarlo uno mismo. El mindfulness no se aprende como se aprende a tocar el piano. Cuando se trata de aprender, puedes pagar a otra persona para que enseñe a tu hijo. Tienes que aprender mindfulness por ti mismo.

Sí, ser padre es muy estresante. Pero para los que están criando a sus hijos, practicar mindfulness puede ser muy beneficioso. Si puedes aprender a hacer meditaciones de mindfulness durante solo un par de minutos al día, te ayudará aún más. Esto permite a los cuidadores compartir sus habilidades de felicidad y aceptación con la siguiente generación, pero les ayuda a cuidar de sí mismos.

Si quieres vivir tu vida con mindfulness, tienes que practicar el mindfulness.

Mindfulness y los niños

El niño más pequeño puede percibir las distracciones. Tienes que trabajar para estar presente en la vida de tu bebé. En ese primer año, la mejor manera de fomentar el mindfulness es simplemente encarnarla. Los niños necesitan afecto y atención. Los bebés son muy astutos a la hora de darse cuenta de cuándo su cuidador les está prestando realmente atención o si están distraídos con otra cosa. Asegúrate de que, cuando cuides de tu bebé, te mantienes lo más posible en el momento.

Puedes practicar esto simplemente abrazando a tu bebé y manteniendo el contacto visual de forma cariñosa. Cada vez que un bebé mira a su cuidador, este último debe devolverle la mirada. Esto se conoce como comportamiento de reflejo, y es una forma estupenda de enseñar al bebé a prestar atención.

Los teléfonos inteligentes están de moda hoy en día, pero distraen mucho. El mindfulness enseña a los cuidadores y a los padres a dejar sus teléfonos y a relacionarse con su hijo, aunque solo sea estableciendo contacto visual y sonriendo. En vez de desplazarse sin pensar por las redes sociales, hay que dejar el teléfono y estar completamente atento y presente.

Los cuidadores y las madres tienen la oportunidad de practicar esto muchas veces a lo largo del día, especialmente cuando alimentan a su bebé. ¿Dónde está tu atención cuando estás con tu bebé? Hay que empezar a hacerlo incluso si se está dando el pecho. La alimentación es el mejor momento para practicar el mindfulness con el bebé. Mis mejores recuerdos son cuando alimentaba a mi hija mientras me miraba a los ojos. No importaba lo que dijera, ella se aferraba a cada palabra.

Movimiento

El mindfulness puede ser una idea sencilla, pero no es fácil, especialmente cuando se trata de pasar tiempo con un bebé. Hay veces en las que el cuidado de los niños puede resultar aburrido. Hay que darles de comer, cambiarles los pañales y amamantarlos. Eso es todo. Si notas que tu mente no está concentrada en lo que estás haciendo, una cosa que puedes hacer para actuar con atención es simplemente levantarte y moverte.

Puedes hacer un poco de yoga fácil cuando no estés sosteniendo a tu bebé, o intentar hacer una meditación caminando. Hay mucho mindfulness que se engloba en estar quieto, pero si el sistema nervioso está alterado, los que nunca han hecho esto se van a sentir mejor si pueden moverse.

Mindfulness en los más pequeños

Criar a un niño de entre dos y cuatro años puede ser todo un reto y a la vez muy gratificante. En cuestión de pocos meses, los más pequeños aprenden a controlar su cuerpo, empiezan a hablar y muestran signos de independencia. A esa edad, los niños pequeños pueden empezar a experimentar y comprender el mindfulness. Cuando los niños son felices, el mindfulness les ayuda a aprender a ser agradecidos. Cuando se enfadan, el mindfulness les ayuda a pasar de lo que les ha hecho enfadarse y llorar a centrarse en algo diferente que no les moleste. Esto hará que su atención se aleje de lo que les molestaba para experimentar su propia respiración. Nunca debes fingir que lo malo no está ocurriendo, sino que deben pensar en tres cosas que están ocurriendo en este momento y que son buenas.

Una vez más, es importante que incorpores el mindfulness a tu hijo. Cada vez que pienses en ser consciente y en los niños, piensa en tu cultura familiar. Puede que encuentres el énfasis en ti como padre.

Desde que nace tu hijo, tienes que enseñarle buenos hábitos haciéndolos también cuando esté cerca de él. Puedes probar estas cosas:

- Trata a tus hijos con amabilidad aunque te sientas molesto o frustrado

- Deja de mirar tu teléfono cuando estás con tu hijo

- Hazles saber que estás agradecido por todas las pequeñas cosas que ocurren en tu vida.

- Realiza actividades que promuevan la indagación, la creatividad y la concentración como hablar, hacer arte y leer en lugar de ver la televisión todo el tiempo.

No nos damos cuenta de cuánto miramos nuestros teléfonos o estamos en el ordenador de espaldas a nuestro hijo. Estamos demasiado distraídos y estamos mostrando esos horribles hábitos a nuestros hijos. Si quieres enseñarle mindfulness a tu hijo, lo mejor es que te fijes en tus propios hábitos y los cambies primero.

Respirar

Criar a un niño pequeño nunca será fácil. Lo mejor que puedes hacer en esos momentos difíciles es respirar. Conocer tu propio cuerpo es una parte integral de el mindfulness. Para ello, tienes que empezar por tu respiración. La respiración te ayudará a familiarizarte con el cuerpo y su movimiento. Cuando sientas que te estresas, respira profundamente unas cuantas veces y observa lo rápido que esto puede aliviar tus niveles de estrés.

Mindfulness en los más jóvenes

Nunca intentes hacer ver que el mindfulness es algo que se utiliza solo cuando te sientes estresado. Hay que mostrarlo como una herramienta que puede utilizarse en diversas situaciones.

Cuando los niños comienzan a desarrollarse en sus primeras etapas de la infancia, pueden practicar mindfulness con un padre que les guíe, pero deben ser capaces de retener algunas habilidades para poder utilizarlas cuando las necesiten. Hacia los cuatro años, los niños deberían ser capaces de aprender habilidades que puedan utilizar por sí mismos.

Si quieres inculcar estos hábitos a tu hijo, tienes que practicarlos. No lo conviertas en algo que solo puedan utilizar en momentos de estrés. Haz que forme parte de su vida diaria. Conviértelo en una actividad que hay que hacer al igual que ser creativo, jugar al aire libre y leer. En lugar de hacer ver que el mindfulness es solo una "cura" para las situaciones de estrés, muéstrales que puede ser una herramienta que les ayude a explorar cómo se sienten, incluyendo cosas neutras, desconocidas y agradables. Muéstralo como una herramienta que pueden utilizar para explorar la curiosidad y la amabilidad. Pregúntales qué sienten en su cuerpo.

Los padres pueden enseñar este mindfulness si se sienten cómodos meditando con su hijo y delante de él. Es maravilloso que puedan aprender a meditar en medio de cualquier cosa que esté ocurriendo en su vida en este momento. Puede que tu hijo no tenga ni idea de lo que estás haciendo cuando te ve meditar, pero imitará tu comportamiento y estará muy interesado en lo que estás haciendo.

Enseñar el perdón

A medida que tu hijo crece y se vuelve más independiente, los padres descubrirán que luchan por perder el control. Si tu hijo está en la escuela o sale con sus amigos, no hay mucho que puedas hacer para influir en su vida. Cuando se produzca un contratiempo, y lo hará, es importante que te asegures de afrontar los momentos difíciles con atención.

En lugar de permitirte quedarte atascado en el problema, fíjate en cuál es el problema y atiéndelo, pero date cuenta de que es pasajero y va a pasar. Si tu hijo se porta mal, tienes que hacer un esfuerzo y demostrarle que le perdonas.

Si te culpas a ti mismo, tienes que aprender a perdonarte. La sabiduría no se consigue con la perfección, sino con la presencia.

Mindfulness en niños de más edad

El mindfulness puede ayudar a los niños a adaptarse a medida que avanzan en la escuela y experimentan el gran mundo.

A medida que el niño avanza en la escuela y llega a la secundaria, el mindfulness se convierte en una herramienta aún más importante. Les permite manejar mejor la adversidad y mejorar su comprensión de sí mismos y del mundo. Cualquier cosa puede ser recibida con esta curiosidad. Esto puede ayudar a proporcionarles un espacio para averiguar quiénes son y qué quieren hacer en la vida.

Durante este tiempo, el mindfulness puede ayudarles en la escuela. Un estudio descubrió que los alumnos de 4º y 5º curso que practicaban mindfulness mostraban una gran mejora en los resultados de los exámenes de matemáticas, la memoria de trabajo y el control cognitivo. Más estudios demuestran que el mindfulness puede ser útil para los niños que tienen TDAH. Puede también reducir el estrés, la ansiedad y la agresividad de los niños. Muchos centros educativos están incorporando el mindfulness a las clases.

Aliviar la presión

Aunque se practique el mindfulness, la crianza de los hijos sigue siendo dura. Aunque los niños experimenten los altibajos de la vida, puede resultar muy fácil para los padres experimentar personalmente la montaña rusa emocional de sus hijos. Con el tiempo, practicar mindfulness puede dar a los padres la capacidad de librarse de parte de las presiones que sienten cuando se identifican con los altibajos que experimenta tu hijo.

Es entonces cuando sientes que no tienes control sobre tu sentido de la vida. No solo te preocupas por tu hijo, sino que te preocupa que tu hijo sea un reflejo de ti. Las cosas se vuelven confusas. Si tu hijo se comporta mal o no aprueba el examen de matemáticas, crees que es un reflejo de ti.

Algo que pueden hacer se llama RAIN (lluvia) que puede ayudarte a permanecer en el presente y asegurarte de que no te quedas atrapado en las experiencias de otras personas o en tus emociones.

- **R - Reconocer.** Notar lo que está pasando y notarlo de una manera aceptante y tranquila.

- **A - Aceptar.** Déjate llevar por tu vida. No intentes empezar a cambiarla ni desees que las cosas sean diferentes.

- **I - Investigar.** Fíjate en cómo te sientes, ya sea que te sientas feliz, molesto, doloroso, placentero, pero solo date cuenta de ello.

- **N - No identificación.** Recuerda que todas estas sensaciones son solo momentos que pasarán. No te definen.

Capítulo 4

TDAH

L as personas con TDAH pueden acabar sufriendo pensamientos negativos y de autoestima a causa de los errores, los contratiempos y el incumplimiento de los plazos que pueden experimentar. La TCC puede utilizarse para ayudar a cambiar estos patrones de pensamiento negativos y puede ayudar a entrenar el cerebro para que funcione de manera más eficaz con el TDAH.

El TDAH está caracterizado por un retraso persistente y crónico de la autorregulación, que incluye el funcionamiento ejecutivo. Los retrasos en las FE causan motivación inconsistente, impulsividad, desregulación emocional, mala gestión del tiempo, desorganización y procrastinación. Si bien estos problemas no figuran explícitamente en los criterios de diagnóstico del TDAH, son muy comunes, por lo que puede resultar difícil regular las conductas y las emociones.

Las personas que padecen TDAH, sobre todo las que no están diagnosticadas, se encuentran con una serie de contratiempos en la vida. Es fácil que quienes tienen TDAH piensen que todo es culpa suya cuando algo va mal, cuando, la mayoría de las veces, no han tenido nada que ver. Este pesimismo puede trasladarse a su futuro, pensando que el día de mañana va a ser igual de malo.

No se pueden eliminar con la lógica las creencias y pensamientos desmoralizadores que impiden a las personas hacer lo que deberían. Estos procesos de pensamiento pueden acabar distorsionados de alguna manera.

Aprender a reconocer estas cosas puede ayudar a sustituirlas por un pensamiento realista. Si bien puede ser muy interesante aprender cómo la TCC puede hacer cambios en el cerebro, la mayoría de las personas que tienen TDAH están más interesadas en aprender cómo salir por la puerta sin enfrentarse a 20 minutos de tarea. La TCC ayuda a la persona a enfrentarse a esos retos. La TCC ayuda a mejorar las luchas diarias de una persona, como la procrastinación, y no trata directamente los síntomas básicos como la hiperactividad, la impulsividad y la falta de atención.

Intervenciones de TDAH para padres

Los padres tienen que aprender a trabajar con su hijo que tiene TDAH. Ese niño no va a actuar o comportarse como un niño sin TDAH, así que no se puede esperar que lo haga. Estas intervenciones pueden ayudar a los padres a encontrar formas de trabajar con su hijo y ayudarle, así como a crear reglas que el niño pueda seguir.

1. Elabora una lista de reglas

A estos niños les cuesta bastante encontrar la motivación para mantenerse concentrados en una tarea. No es que no quieran hacerlo, es que su mente no se lo permite. En lugar de tener una lista gigantesca de tareas y reglas para que las sigan, céntrate en los comportamientos más importantes elaborando una lista directa y corta de reglas. Deja pasar las cosas pequeñas. Si tu hijo hace los deberes y las tareas pero se olvida de ensuciar un plato, céntrate en lo que ha hecho y no en lo que no ha hecho. La perfección no es una expectativa realista para nadie.

2. Utiliza los elogios

Elogia a tu hijo por los buenos comportamientos sencillos que te gustaría que repitiera. Una simple sonrisa o un buen trabajo pueden servir de mucho. Si te resulta difícil encontrar un comportamiento que elogiar, felicítalo por períodos prolongados en los que no se meta en problemas.

3. Crea un sistema de recompensas

Las recompensas son mucho más efectivas que los castigos para ayudar a motivar a un niño a cambiar su comportamiento. Una recompensa puede ser tan simple como una ficha por cada día que realicen un buen comportamiento específico, que luego puede cambiarse por una recompensa física. Conversa con ellos para saber qué recompensa les gustaría obtener y el número de fichas que les va a costar.

4. La hora de los deberes

Dedica un tiempo diario a que tu hijo haga los deberes. Si una tarde no tiene deberes, puede dedicar ese tiempo a leer o estudiar. Esta rutina va a reducir las probabilidades de que se olviden o eviten los deberes. Además, las horas de deberes reducirán el refuerzo que los niños suelen recibir por terminar los deberes lo más rápido posible.

5. Establece una estructura

Los niños con TDAH rinden más cuando saben lo que va a pasar. Establezca una 6 los dientes a una hora determinada, a tomar agua y a tender la ropa para el día siguiente. Para empezar a establecer estas rutinas se puede utilizar un sistema de recompensas.

6. Utiliza las consecuencias de forma eficaz

Las consecuencias deben explicarse con mucha antelación y deben producirse justo después del comportamiento no deseado. También hay que cumplir siempre con las consecuencias establecidas. La retirada de privilegios y los tiempos muertos pueden funcionar. Asegúrate de no castigar en exceso. Tu hijo no va a recordar por qué le has castigado después de dos semanas, y tú no tienes ninguna ventaja si tu hijo no tiene nada.

Economía de fichas

La economía de fichas es una técnica eficaz y frecuentemente utilizada para ayudar a cambiar las acciones de adolescentes y niños resistentes. El niño recibe algún tipo de ficha, como un palo o un trozo de papel, cuando realiza una acción positiva. Más tarde puede cambiar la ficha por una recompensa. Según las investigaciones, la economía de fichas es una forma eficaz de cambiar el comportamiento de una persona, pero la forma de aplicarlas influye mucho en su eficacia. Aquí hay algunos consejos para ayudarte a empezar.

1. **Las fichas se pueden conceder, pero no se pueden quitar.**

Una economía de fichas funciona igual que el pago de un trabajo. No se puede quitar la paga del lunes a un empleado solo porque haya hecho un mal trabajo ese día, así que las fichas no deben quitarse como un tipo de castigo. El niño se ha ganado esa ficha, y ser demasiado punitivo puede hacerles sentir que son inútiles o que deben rendirse. Los niños con TDAH ya luchan con estos sentimientos, y el objetivo aquí es conseguir que se motiven para hacer cosas.

2. **El comportamiento deseado y la recompensa deben estar claramente definidos.**

No basta con pedirle a tu hijo que limpie su habitación a cambio de una ficha. Tu idea de una habitación limpia puede ser muy diferente a la suya. Tienes que explicarle cómo esperas que sea su habitación una vez que haya terminado, por ejemplo, que toda la ropa limpia esté doblada y colocada en los cajones, que todos los juguetes estén colocados donde deben estar y que los platos se hayan llevado a la cocina. Intenta evitar ideas abstractas como "no te metas en líos hoy". Esto puede resultar muy difícil de juzgar. Antes de poner en práctica la economía de fichas, siempre es útil que te sientes con tu hijo y hagas una lista de las cosas que te gustaría que hiciera, con una explicación de cómo sería la finalización y cuántas fichas recibiría por lograrlo. Esto puede incluir cosas que harían varias veces, como los deberes, la limpieza, lavarse los dientes, etc.

3. **Elige unos pocos comportamientos a la vez y no dejes que las cosas se vuelvan demasiado complejas.**

Céntrate en dos o tres comportamientos para recompensar cada vez. Incluso el padre más proactivo tendrá problemas para recompensar y hacer un seguimiento de cuatro o cinco objetivos diarios. Los sistemas complejos funcionarán durante un par de días, pero es probable que se abandonen.

4. Haz lo que dices.

Cuando ofrezcas una recompensa o una ficha, tienes que cumplirla. Tienes que asegurarte de que las recompensas que ofreces son realistas para tu presupuesto. Si ofreces una recompensa, pero no la cumples, el sistema quedará invalidado. En esa misma línea, no les des una ficha si no se alcanza el comportamiento deseado.

5. Trabaja en equipo.

Una economía de fichas no servirá de mucho si tu hijo no entiende cómo ganarse las recompensas o si éstas no son de su agrado. Busca algunas ideas de recompensas fáciles, como pasar la noche en casa de un amigo o tener un tiempo extra en el ordenador, pero no propongas una recompensa mayor de la que puedan trabajar y ahorrar.

6. Dale tiempo.

El comportamiento no cambiará de la noche a la mañana. Estas cosas van a requerir tiempo, paciencia y práctica. Sigue con ello y sé constante.

Resolución de problemas

La resolución de problemas significa que se te ocurre una nueva forma de afrontar un reto. En ocasiones tendrás que probar un montón de soluciones diferentes antes de encontrar la que mejor funciona.

1. Explica claramente cuál es el problema. Puede ser cualquier cosa con la que tengas problemas. Por ejemplo, podrías perder siempre los deberes antes de entregarlos.

2. Piensa en diferentes maneras de resolver el problema. Si pierdes los deberes, puedes crear una carpeta especial para ellos. Para los deberes que tienes que hacer, los pondrías en el bolsillo izquierdo, y para los deberes terminados, puedes ponerlos en el derecho. Una vez hechos los deberes, haz que un adulto los mire, y luego métetelos directamente en la mochila.

3. Escoge tu solución favorita, y luego prueba esa solución durante unos días. Si ves que no te funciona, haz algunos cambios. Por ejemplo, puedes acabar olvidando la carpeta de los deberes en casa, así que establece la nueva norma de que siempre se quede en la mochila.

4. Revisa si la solución ha funcionado. Si ha funcionado, ¡felicidades! Si no ha funcionado, prueba con otra de tus soluciones.

Respiración oceánica

Se trata de una habilidad que puede ayudarte a calmarte cuando empiezas a sentirte excitado o hiperactivo. Los siguientes pasos pueden ayudarte a aprender la respiración oceánica. (Padres, ayuden a sus hijos con esto sirviéndoles de ejemplo para ellos).

1. Cierra los ojos e imagina las olas de un océano. Cada ola se estrellará en la orilla y luego volverá a rodar suavemente hacia el océano.

2. Inspira lentamente por la nariz. Mientras lo haces, imagina el sonido de la inhalación cuando una ola vuelve a entrar en el océano.

3. Junta los labios, como si soplaras a través de una pajita, y luego suelta lentamente la respiración.

Imagina el sonido de la exhalación mientras una ola del océano se estrella contra la orilla.

4. Continúa inspirando por la nariz y exhalando por la boca mientras imaginas las olas del océano. Hazlo durante un minuto.

Crea una rutina

Crear una rutina puede ayudarte a acordarte de hacer cosas importantes como las tareas y los deberes. Una buena rutina va a tener mucho tiempo para divertirse y jugar también. (Padres, ayuden a sus hijos con las cosas que tienen que hacer y figuren en su rutina).

- Una "rutina" significa que haces lo mismo cada día a la misma hora. Por ejemplo, puedes lavarte los dientes cada noche antes de acostarte y cada mañana nada más levantarte.

- Con la ayuda de un adulto, escribe esa rutina y colócala en un lugar donde puedas verla fácilmente. Puede ser en la nevera o en la pared de tu habitación.

- Incluye tiempo para jugar, merendar y descansar. Dispersa algunas cosas divertidas en tu rutina para asegurarte de que no acabas aburriéndote.

- Cuando tengas una tarea difícil, planifica incluso las cosas más pequeñas. Por ejemplo, piensa en un lugar tranquilo donde puedas hacer los deberes, o si te cuesta mucho por la mañana, dispón la ropa que quieres llevar su noche anterior

- Te llevará algún tiempo aprender tu nueva rutina. Un adulto puede recordarte lo que vas a hacer a continuación durante el día, y puede ayudarte a mantener el rumbo.

Capítulo 5

Trastornos del estado de ánimo

La terapia cognitivo-conductual puede ser un tratamiento eficaz para los niños que sufren diversos trastornos del estado de ánimo. Los problemas más comunes en los que puede ayudar la TCC son el trastorno bipolar, el trastorno del espectro autista, la depresión y la ansiedad.

La utilización de antidepresivos en niños con ansiedad y depresión es una forma eficaz de tratar esas enfermedades, pero no son el mejor curso de acción. Los antidepresivos utilizados en los niños tienen que ser objeto de un estrecho seguimiento. No obstante, la TCC puede ser una forma eficaz de ayudar a los niños con depresión y ansiedad. Se ha encontrado una manera de tratar la depresión leve o moderada, y cuando se utiliza bajo la guía de un terapeuta experto, puede ser útil para los casos graves también.

En el caso de la depresión, la ansiedad y otros tipos de trastornos del estado de ánimo, la TCC empieza por hacerte consciente de que tienes esos pensamientos. A continuación, aprenderás a cambiarlos por pensamientos más positivos. Esto cambiará tu comportamiento y puede aliviar tus síntomas. Harán falta semanas o meses de prácticas de TCC antes de que empieces a notar realmente la diferencia.

Cuando se trata del trastorno bipolar, normalmente se trata con una combinación de psicoterapia y medicación. La TCC es la forma más común de psicoterapia. La TCC puede ser útil porque puede ayudar a:

- Controlar los síntomas del trastorno bipolar.

- Prevenir las acciones que podrían dar lugar a una recaída de esos síntomas

- Aprender una técnica de afrontamiento eficaz para controlar el estrés y las emociones

- Actuar como un tratamiento alternativo cuando los medicamentos no pueden utilizarse o son ineficaces

En el caso de los niños con un trastorno del espectro autista, la TCC puede ayudarles a afrontar las cosas que les molestan. Se les enseñará a modificar sus creencias o acciones para que puedan evitar las emociones negativas. Proporciona a los niños, y a sus padres, habilidades de afrontamiento para ayudarles a manejar los momentos difíciles. El proceso a través del cual se lleva a cabo será algo parecido a esto.

1. **Descubrirán el problema.**

Puede ser la enfermedad mental, el estrés o cualquier otra cosa que pueda estar molestando.

2. **Observarán los comportamientos, pensamientos y emociones que están relacionados con estos problemas.**

Después de saber cuál es el problema, empezarán a trabajar para averiguar cómo han estado reaccionando a esos problemas.

3. **Detecta cuando tienes comportamientos, pensamientos y emociones inexactos o negativos.**

Hay varias formas de afrontar o ver una situación que empeora el problema. Esto incluye pensar negativamente sobre ti mismo o mantener tu enfoque en las partes negativas del problema.

4. **Cambia la forma de reaccionar ante tus problemas personales.**

Trabajarás para sustituir tus pensamientos negativos por otros constructivos y positivos. Esto podría incluir pensar positivamente sobre cómo puedes afrontar una situación y tratar de ver una situación con objetividad.

Pensamientos, sentimientos, acciones

Todo el mundo tendrá problemas. Para superar estos problemas, ayuda entender cómo los pensamientos, los sentimientos y las acciones se afectan mutuamente. Imagina que tienes un examen de ortografía en la escuela y piensas: "Voy a suspender". Como has tenido este pensamiento, tu preocupación aumenta. Te preocupa tanto el examen que te sientes mal al pensar en él. Como esto es tan incómodo, decides no estudiar.

El pensamiento "voy a suspender" te ha hecho sentirte preocupado, lo que ha hecho que decidas no estudiar. ¿Cómo habrían ido las cosas si no hubieras experimentado ese pensamiento?

Los pensamientos son simplemente palabras que pasan por tu mente. Son las cosas que te dices a ti mismo sobre lo que ocurre a tu alrededor. Hay muchos pensamientos que puedes experimentar sobre algo.

Experimentarás sentimientos a lo largo de tu vida, dependiendo de lo que te ocurra. Puedes acabar sintiéndote triste, feliz y enfadado, todo en un mismo día. Algunos de estos sentimientos van a ser incómodos, pero eso no significa que sean malos. Todo el mundo experimentará sentimientos en algún momento.

Las acciones son todas las cosas que haces. La forma en que te sientes y las cosas que piensas van a afectar a lo que haces. Cuando te sientas feliz, probablemente harás cosas agradables. Cuando te sientas molesto, puede que te apetezca hacer algo malo.

Este es otro ejemplo de cómo los pensamientos, los sentimientos y las acciones funcionan juntos.

¿Qué ha pasado? Emma, mi mejor amiga, no me habló como lo hace normalmente.

Pensamientos: Pensé: "Emma no me ha hablado mucho esta semana. Debe estar enfadada conmigo".

Sentimientos: Me sentí herida y triste.

Acciones: Como estaba enfadado, decidí evitar e ignorar a Emma.

Las cosas que piensas no son automáticamente ciertas. Un pensamiento es simplemente una suposición sobre por qué ha ocurrido algo o sobre algo que podría ocurrir. Al crear un nuevo pensamiento, puede ayudarte a ver la situación de una manera diferente.

Veamos tres pensamientos diferentes de nuestro ejemplo y veamos cómo cambian las cosas.

Nuevo pensamiento: "Emma podría estar molesta conmigo, pero tal vez no. No lo sé".

Nuevo sentimiento: Me preocupa que mi amiga pueda estar molesta, pero no me siento triste como antes.

Nueva acción: Hablar con Emma para ver si está molesta conmigo o si hay algo más.

Nuevo pensamiento: "Probablemente Emma esté ocupada con la escuela o algo así".

Nuevo sentimiento: Decepcionado porque no me ha hablado, pero lo entiendo.

Nueva acción: Sigue siendo educado y amable, y asegúrate de saludarla.

Nuevo pensamiento: "Quizá Emma esté molesta por algo que no tiene nada que ver conmigo".

Nuevo sentimiento: Preocupado por los sentimientos de Emma.

Nueva acción: Hablar con Emma sobre lo que está sucediendo y si quiere ayuda.

Cuando estés experimentando algo, deberías intentar rellenar esto para averiguar cómo te están haciendo sentir tus acciones, pensamientos y sentimientos.

¿Qué ha pasado?

Tus pensamientos:

Tus sentimientos:

Tus acciones:

Una vez que sepas lo que ha ocurrido, intenta reescribir tus pensamientos. Piensa en tres nuevos pensamientos, sentimientos y acciones para ver si puedes llegar a un resultado mejor que el que has vivido.

Nuevos pensamientos:

_____

_____

_____

_____

Nuevos sentimientos:

_____

_____

_____

_____

Nuevas acciones:

_____

_____

Errores de pensamiento

Cuando te sientes ansioso, deprimido o negativo de alguna manera, puedes experimentar errores de pensamiento. A continuación encontrarás los tipos de errores de pensamiento que puedes experimentar.

Ignorar lo bueno: Esto sucede cuando prestas más atención a las cosas malas e ignoras cuando te suceden cosas buenas. Ejemplos de este error son:

- Te equivocas en una de las respuestas de un examen muy largo, y solo piensas en esa única respuesta errónea.

- Haces dos goles durante tu partido de fútbol, pero en lo único que puedes pensar es en ese único tiro que fallaste.

Exagerar las cosas: Esto ocurre cuando se hace un gran problema de una cosa pequeña, o se hace que algo que es un poco malo parezca el fin del mundo. Ejemplos de este error son:

- Acabas manchando tus zapatos nuevos, y piensas que están completamente estropeados, y que ya no puedes usarlos.

- "No puedo ver a mis amigos el viernes. ¡Mi vida es horrible!"

Predicción de la suerte: Es cuando crees que sabes lo que va a pasar y que va a ser terrible. Ejemplos de esto son:

- "Solo sé que si la invito al baile, dirá que no".

- "Seguro que nadie vendrá a mi fiesta de cumpleaños".

Lectura de la mente: Es cuando crees que sabes lo que otra persona está pensando o por qué hace algo, sin tener la información para hacer esa suposición. Ejemplos de esto son:

- "La gente me mira fijamente. Seguramente piensan que voy vestida de forma horrible".

- "Emma no me pidió que fuera a su fiesta. Apuesto a que piensa que soy rara".

Etiquetado negativo: Es cuando tienes una creencia negativa sobre ti mismo y piensas que se aplica a todo lo que haces. Ejemplos de esto son:

- "Soy un perdedor, por lo que mis obras de arte apestan".
- "Soy tan estúpido. Todo lo que sale de mi boca es una tontería".

Poner el listón demasiado alto: Esto ocurre cuando piensas que tienes que ser perfecto en todo lo que haces. De lo contrario, no eres bueno. Ejemplos de esto son:

- "Si no saco un 10 en cada examen, no soy inteligente".
- "Tengo que ganar todos los partidos de tenis. Si no, no valgo nada".

Autoinculpación: Es cuando te culpas a ti mismo cada vez que algo va mal a tu alrededor, incluso si no estuviste involucrado. Ejemplos de esto son:

- Cuando tu equipo de baloncesto pierde un partido y crees que ha sido por tu culpa.

- "Alicia está triste hoy. Probablemente dije algo que la molestó".

Los sentimientos como hechos: Esto es cuando crees que cuando sientes algo, entonces tiene que ser verdad. Ejemplos de esto son:

- "Me siento feo, así que debo ser feo".

- "Siento que soy un mal amigo, así que debo ser un mal amigo".

Declaraciones de "debería": Esto ocurre cuando crees que las cosas tienen que ser de una determinada manera. Ejemplos de esto son:

- "La gente debería ser siempre amable conmigo".

- "Debería ser siempre feliz. Nunca debería estar triste".

¿En qué estoy pensando?

Vamos a repasar diferentes tipos de pensamientos que las personas pueden tener en diversas situaciones. Por ejemplo, cuando abrazas a tu mascota, ésta podría estar pensando: "¡Me encanta que mi dueño me dé grandes abrazos!". Estos pensamientos son lo que se conoce como autoconversión.

Piensa en el monumento a Lincoln. Es una estatua que se creó para conmemorar a uno de los mejores presidentes de los Estados Unidos. Tiene una burbuja de pensamiento que sale de su cabeza como en un dibujo animado, pero está vacía. Esta burbuja de pensamiento debe llenarse con sus pensamientos. ¿Qué podría estar pensando? (Completa lo que crees que está pensando el monumento a Lincoln.)

_____

_____

_____

_____

¿Podría pensar el presidente Lincoln que le gustaría una silla más cómoda? Tal vez le gustaría comer algo y ver la televisión.

Ahora vamos a trabajar con otras situaciones. Voy a describir una situación y luego quiero que escribas lo que esa persona podría estar pensando.

1. Un joven está sentado en una barca en el lago y pescando. ¿En qué está pensando?

_____

_____

_____

_____

2. Una mujer está corriendo en una carrera, y está a pocos centímetros de la persona que va en primer lugar. ¿En qué está pensando?

_____

_____

_____

_____

Ahora que puedes pensar en lo que otras personas pueden estar pensando, puedes averiguar cómo te puedes sentir tú en determinadas situaciones. Gracias a esa información, puedes darte cuenta de que los pensamientos no siempre son ciertos y de que tienes el poder de cambiarlos para sentirte mejor.

Capítulo 6

Trastornos de la alimentación

L os trastornos alimentarios son un grupo muy complejo de condiciones de salud mental que requerirán una intervención médica y psicológica para ayudar a alterar su curso. Asimismo, son algo con lo que la persona tendrá que lidiar durante el resto de su vida. Solo en Estados Unidos, hay unos 10 millones de hombres y 20 millones de mujeres que padecen o han padecido un trastorno alimentario. Existen seis tipos principales de trastornos alimentarios.

Un trastorno alimentario se caracteriza por una serie de condiciones psicológicas que crean hábitos alimentarios poco saludables. Todos ellos pueden iniciarse debido a una obsesión por la forma del cuerpo, la comida o el peso. En algunos de los casos más graves, los trastornos alimentarios pueden crear graves problemas de salud y pueden provocar la muerte si no se tratan.

Las personas que padecen trastornos alimentarios presentan muchos síntomas diferentes. No obstante, los síntomas más graves son la restricción de alimentos, las purgas o los atracones. Si bien los trastornos alimentarios pueden afectar a personas de cualquier sexo y en cualquier etapa de la vida, son más frecuentes en las mujeres adolescentes. De hecho, alrededor del 13% de nuestros jóvenes pueden experimentar al menos un tipo de trastorno alimentario antes de cumplir los 20 años.

Las causas de los trastornos alimentarios son variadas. Una de ellas es la genética. En estudios de adopción y de gemelos, se ha descubierto que la herencia podría ser la causa. En gemelos separados al nacer, si uno de los gemelos desarrollaba un trastorno alimentario, el otro tenía un 50% de posibilidades de desarrollarlo también.

Los rasgos de personalidad pueden ser otra causa. La impulsividad, el neuroticismo y el perfeccionismo son los tres rasgos de personalidad más comunes en las personas que padecen un trastorno alimentario. Una tercera causa son las presiones percibidas para estar delgado que la gente ve en las culturas o en los medios de comunicación.

La verdad es que hay algunos trastornos alimentarios que solo aparecen en culturas que han sido expuestas a los ideales occidentales de delgadez. No obstante, hay culturas que también tienen ideales de delgadez en todo el mundo y, sin embargo, hay países que solo tienen un puñado de casos de trastornos alimentarios. Esto significa que la causa del trastorno alimentario es probablemente una mezcla de factores.

La anorexia nerviosa es probablemente el trastorno alimentario más conocido. Normalmente se desarrolla en la adolescencia o en la juventud y es más común en las mujeres. Las personas con anorexia suelen pensar que tienen sobrepeso, aunque suelen tener un peso extremadamente bajo. Controlan constantemente su tamaño, evitan comer ciertas cosas y restringen su consumo de calorías. El TOC suele estar presente en estas personas.

La bulimia nerviosa es otro trastorno común. Suele desarrollarse durante la adolescencia y los primeros años de la edad adulta y es más frecuente en las mujeres. La bulimia se caracteriza por la ingesta de cantidades inusualmente grandes de comida durante un tiempo determinado. Las personas se dan atracones hasta que están incómodamente llenas. Los atracones pueden ocurrir con cualquier alimento, pero normalmente se trata de alimentos que normalmente evitarían. Las personas con bulimia intentarán entonces purgarse para compensar todo lo que han comido. Los síntomas pueden ser muy similares a los de la anorexia, pero algunas personas pueden tener bulimia y mantener un peso normal.

La bulimia se considera el trastorno alimentario más común en los Estados Unidos. Pero no es lo mismo que la bulimia. Puede desarrollarse en cualquier momento. Al igual que la bulimia, un individuo come grandes cantidades de comida en un corto período de tiempo, y siente que tiene una falta de control. Estas personas no restringen las calorías ni se purgan. Tienden a comer en secreto, y a menudo sienten culpa, asco o vergüenza.

El cuarto trastorno alimentario es la pica, que se caracteriza por comer cosas que no son comida. La mayoría de las personas comerán tierra, hielo, suelo, jabón, tiza, pelo, guijarros, papel, tela, detergente para la ropa o almidón de maíz. Esto es común en adultos, adolescentes y niños.

El trastorno de rumiación es un nuevo trastorno alimentario. Consiste en que una persona ingiere alimentos, los regurgita, los vuelve a masticar y luego los vuelve a tragar o los escupe. Esto suele ocurrir en los 30 minutos siguientes a la ingesta. No es lo mismo que el reflujo, que es involuntario. Es completamente voluntario. Puede ocurrir durante la infancia, la niñez o la edad adulta.

El último tipo de trastorno alimentario es el trastorno por evitación/restricción de la ingesta de alimentos. El ARFID es simplemente un nuevo nombre para un viejo trastorno. Solía conocerse como "trastorno de la alimentación en la infancia y la niñez temprana". Previamente se creía que solo se daba en niños menores de siete años. Normalmente se desarrolla durante la lactancia o la primera infancia y persiste hasta la edad adulta. Es tan común en hombres como en mujeres. Las personas que padecen este trastorno experimentan alteraciones en la alimentación, ya sea por el desagrado que les producen ciertos aspectos de la comida o por la falta de interés en comer.

La TCC para los trastornos alimentarios fue iniciada a finales de los años 70 por G. Terence Wilson, Stuart Agras y Christopher Fairburn. Al principio, solo se utilizaba para la bulimia nerviosa, pero empezó a aplicarse a otros trastornos alimentarios, y en 1999 se utilizó para ayudar a tratar el trastorno por atracón.

En 2008, Fairburn elaboró una versión actualizada del manual de tratamiento de la TCC-E, diseñada para ayudar a tratar todos los tipos de trastornos alimentarios. La TCC-E se compone de dos formatos. Por un lado, un tratamiento centrado en el problema y, por otro, un tratamiento amplio que contemplaba las dificultades interpersonales, la baja autoestima, el perfeccionismo y la intolerancia al estado de ánimo.

La TCC se considera el tratamiento más eficaz para los trastornos alimentarios y debería ser el tratamiento inicial que se ofrezca. En los modelos cognitivos para los trastornos alimentarios se explica que el problema básico de todos los trastornos alimentarios es la excesiva preocupación por el peso y la figura. La forma en que se manifiesta esta sobrepreocupación suele variar.

Estos elementos crearán los síntomas de un trastorno alimentario. Una dieta estricta incluirá cosas como saltarse comidas, evitar ciertos alimentos que están "prohibidos" y comer cantidades muy pequeñas de comida, y esto puede llevar a un peso bajo. El bajo peso puede acabar provocando desnutrición. Todo esto puede acabar conduciendo a una sesión de atracones. Los atracones normalmente provocan vergüenza y culpabilidad y una nueva necesidad de hacer dieta.

El tratamiento de TCC para los trastornos alimentarios normalmente implicará cosas como:

- Desafiar sus reglas dietéticas

- Rellenar los diarios de alimentos

- Sustituir su pensamiento de todo o nada

- Idear estrategias para evitar los atracones

- Exposición del miedo a la comida

- Planificación de las comidas

- Psicoeducación para explicar las consecuencias médicas del trastorno alimentario

- Pesaje regular para hacer un seguimiento del progreso

- Estrategia de prevención de recaídas

Inventario de la alimentación

Lo primero que puede ayudar a combatir un trastorno alimentario es empezar a rellenar el inventario de lugares donde se come. Este inventario enumera los diferentes lugares de la casa, la escuela y otros lugares donde se come. Esto puede ser útil para detectar un trastorno alimentario, especialmente si suelen comer a escondidas.

Al lado de cada uno de los lugares enumerados, escribe sí o no si has comido en ese lugar en la última semana. Si hay otros lugares en los que has comido, rellénalos debajo de lo que aparece en la lista.

En casa:

- Garaje
- Baño o bañera
- Dormitorio
- Frente al televisor
- Otros:

En la escuela:

- Tomar un refrigerio entre las clases
- Comer o picar algo en su escritorio

- Tomar comida del escritorio de otra persona

- Otros:

Otros:

- Mientras se espera

- Mientras se hacen las tareas

- Otros:

Una mirada al pasado, una mirada al futuro

Es habitual que una persona se quede atascada en el pasado, el presente o el futuro. Si bien es importante pensar en cada momento a la hora de plantearse objetivos o cómo avanzar, cuando te centras demasiado en estas cosas, te quedas atascado. Esto puede provocar problemas, como un trastorno alimentario, porque no sabes cómo seguir adelante.

Esto te proporciona una forma creativa de reflexionar sobre el pasado, el presente y el futuro de forma útil. Verás que está dividido en tres secciones:

1. Mirar hacia atrás

2. Mirar hacia delante

3. Planificación de objetivos

Cuando trabajes en esta hoja de trabajo, reflexionarás sobre el pasado y comprenderás cómo has llegado a tu momento actual y qué tendrás que hacer para crear un futuro mejor.

Ser consciente de cómo tu pasado ha formado tu momento actual puede ayudarte a entender cómo puedes avanzar hacia un futuro mejor. Esto puede ayudarte a entender por qué puedes estar experimentando tu trastorno alimentario. Para rellenar esto, completa las frases en las diferentes categorías del pasado y del presente. A continuación, utiliza esa información para elaborar tres objetivos en los que puedas trabajar para tener un futuro más sano y feliz.

Mirando hacia atrás:

Yo era...

Yo necesitaba...

No tenía ...

Pensé que ...

Mirando al futuro:

Estoy ...

_____

_____

_____

Necesito ...

_____

_____

_____

Tengo ...

_____

_____

_____

Sé que ...

_____

_____

_____

Objetivo uno:

Objetivo dos:

Objetivo tres:

Pensamientos problemáticos

Los pensamientos problemáticos son la principal razón por la que acabamos haciendo algo que no deberíamos. Los pensamientos problemáticos, como "estoy gorda", "no soy guapa" o "tengo que perder peso", pueden hacer que dejes de comer, te purgues o hagas algo drástico. Estos pensamientos no son saludables ni correctos. Tú no eres tus pensamientos, así que aprender a detectar estos pensamientos puede ayudarte a sustituirlos por pensamientos positivos.

Este ejercicio puede ayudarte a detectar estos pensamientos, desafiarlos y cambiarlos.

1. ¿Cuál es tu pensamiento problemático subyacente? Aquí es donde descubres qué pensamiento te está creando problemas.

_____

_____

_____

_____

2. ¿Qué está ocurriendo en tu vida que hace que este pensamiento parezca verdadero y real? Enumera las razones por las que crees que este pensamiento es posible.

---

3. ¿Qué pruebas puedes encontrar que demuestren que el pensamiento no es cierto? Enumera todo aquello que demuestre que tu pensamiento es solo un pensamiento y que no se hará realidad. Puede que esto te resulte más difícil porque va en contra de lo que crees que es cierto. Sin embargo, esta es una de las partes más importantes, así que asegúrate de que te esfuerzas por encontrar pruebas que demuestren que tu pensamiento no es real.

---

4. ¿A qué conclusión puedes llegar con esas pruebas? Este será tu nuevo pensamiento. Basándote en todas las pruebas a favor y en contra de tu pensamiento, descubrirás cuál es la verdad más probable en tu situación actual.

Capítulo 7

TOC

E l TOC, o trastorno obsesivo compulsivo, se caracteriza por la incapacidad de controlar las preocupaciones, hagan lo que hagan. Esas preocupaciones suelen hacer que la persona se comporte de una manera específica una y otra vez. Si esto ocurre, la persona podría tener un TOC. Aunque pensemos que el TOC es un trastorno que solo padecen los adultos, al menos uno de cada 200 niños y adolescentes padece el TOC en Estados Unidos.

El TOC causa pensamientos y preocupaciones excesivas sobre algo a pesar de su mejor esfuerzo para dejar de pensar en ello, que es la obsesión. Esto conduce a rituales o cosas que hacen para tratar de evitar que ocurra algo malo, que son las compulsiones. El TOC es muy parecido a una falsa alarma. Hace que una persona se preocupe por cosas que no son peligrosas o dañinas. Entre los niños con TOC, los tipos de obsesiones más comunes son:

- Palabras o sonidos intrusivos

- Preocupación por los objetos del hogar

- Miedo a que se produzcan daños o enfermedades a uno mismo o a un familiar

- Pensamientos agresivos o sexuales

- Números de la mala suerte y de la suerte

- Preocupación por los desechos del cuerpo

- Obsesiones religiosas

- Necesidad de precisión, simetría y orden

- Miedo a la contaminación

- Miedo a los gérmenes o a la suciedad

Las compulsiones más comunes para los niños incluyen:

- Rituales de limpieza de otros objetos o cosas relacionadas con la casa

- Coleccionar o acumular cosas sin valor

- Rituales de conteo

- Arreglar u ordenar objetos

- Rituales para evitar dañar a una persona o a sí mismo

- Rituales para tocar

- Rituales para bajo contacto con algo que perciben como contaminado

- Rituales de comprobación para asegurarse de que una puerta está cerrada o un aparato está apagado y repasar repetidamente sus tareas

- Rituales de repetición, como la necesidad de moverse por los espacios de una manera determinada, incluyendo entrar y salir de los portales, o reescribir, releer y borrar

- Rituales de aseo personal, como cepillarse los dientes, lavarse las manos y ducharse.

El TOC se diagnostica con mayor frecuencia en niños de entre siete y doce años de edad. Dado que esta es la época en la que los niños empiezan a sentirse naturalmente más preocupados por encajar con los demás, el estrés y el malestar causados por el TOC pueden hacer que se sientan solos, asustados y fuera de control.

La TCC puede ayudar a los niños con TOC a cambiar sus emociones, pensamientos y comportamientos problemáticos. La TCC para el TOC implica la exposición y la prevención de rituales. Esto es para ayudar a romper dos tipos de asociaciones que ocurren cuando una persona tiene TOC. La primera es la asociación entre las sensaciones de angustia y los pensamientos, objetos y situaciones que crean esa angustia. La segunda es la conexión entre la realización de algún comportamiento y la reducción de la angustia.

Entendiendo el TOC

Cuando experimentas el TOC, es probable que tengas muchos pensamientos que pasan por tu mente y que no puedes controlar. Esto probablemente hace que sientas el impulso de realizar alguna acción para intentar detener esos pensamientos. Puedes sentirte como si fueras responsable de evitar que se produzca un pensamiento terrible. Sin embargo, es posible que no tenga este tipo de pensamientos. Sin embargo, es posible que te sientas incómodo o te sientas extremadamente ansioso y angustiado si no haces lo que tu cabeza te dice que debes hacer.

Necesitas hacer algo muy obvio, como mover cosas, tocar cosas o limpiar, o podrían ser cosas mentales ocultas, como comprobar, cuestionar, repetir cosas o contar.

El TOC puede manifestarse de otras maneras, como el perfeccionismo, tirarse del pelo, hurgarse la piel y el trastorno dismórfico corporal. El TDC hace que la persona piense que alguna parte de ella es defectuosa, y trata constantemente de ocultar, revisar o hurgar en el defecto.

El TOC se produce en un ciclo. Primero, tendrás el pensamiento intrusivo, como "tengo que comprobar la electricidad o la casa se quemará". Después, sentirás ansiedad y preocupación, lo que crea una necesidad física de actuar. Entonces experimentarás tu compulsión, o una necesidad de ir por la casa comprobando todos los enchufes y tomas de corriente. Entonces obtendrá un alivio a corto plazo hasta que el ciclo vuelva a empezar.

Para detener este círculo vicioso, tienes que cambiar tu forma de pensar y cambiar lo que haces. Imagina que tu TOC es una rueda con pequeños radios, conocida como engranaje. En el exterior hay pequeños engranajes que se conectan al

TOC y lo hacen moverse. Si puedes cambiar esos engranajes exteriores, puedes frenar o detener tu TOC para que no pueda controlarte. Cuando actúas sobre cada engranaje, vuelves a tener el control de la vida. Los engranajes que normalmente están relacionados con el TOC son:

- Cree en tus pensamientos

- "Tengo que actuar según los pensamientos".

- "Soy responsable si ocurre algo malo".

- Intenta detener tus pensamientos

- Actúa según los pensamientos que tienes en la cabeza

- Evita situaciones que puedan desencadenar tus pensamientos

- Busca tranquilidad

Puedes aprender a pensar de forma diferente y cambiar esos engranajes. Todo lo que tienes que hacer es desafiar tus pensamientos. Hagamos esto imaginando que tu TOC es un matón del patio de recreo. Este matón no es una persona violenta, pero sí critica, se burla y se ríe de ti. Imagina que este matón se mete con tres víctimas en el recreo. Se acerca a cada persona y le dice lo mismo: "¡Eh, tú! Eres un estúpido. Dame el dinero del almuerzo AHORA o le diré a todo el mundo lo estúpido que eres".

Cada una de las tres víctimas responde de manera diferente.

La víctima uno cree lo que dice el acosador, se enfada y le da el dinero del almuerzo.

La víctima dos desafía al acosador y le dice: "No soy estúpido, he sacado un sobresaliente en mi examen de ortografía de esta mañana, y tú puedes sacar un aprobado.

La víctima tres apenas reacciona. Mira al matón y reconoce que está ahí, y luego se da la vuelta para volver a jugar con sus amigos.

¿Cómo crees que reaccionará el acosador ante ellos? Probablemente continuará volviendo con la víctima uno. Puede que vuelva a la víctima dos unas cuantas veces, pero al final se rendirá. Probablemente no volverá a la tercera víctima en absoluto.

Tu TOC es como este matón, y en lugar de reaccionar como la víctima uno, creyendo lo que dice el matón, puedes elegir reaccionar como una de las otras víctimas. Puedes aprender a hacerlo:

- Desafía a tu acosador del TOC

- Simplemente reconoce al acosador, y luego dirige tu atención a otra cosa

Hoja de registro de pensamientos

Lo mejor que puedes hacer para aprender a cambiar tus pensamientos es llevar un registro de ellos. Rellenar esta hoja te ayudará a detectar cuándo surgen tus obsesiones y qué las provoca. En una hoja de papel, crea seis columnas.

- **Situación y desencadenante**

En la primera columna, escribirás lo que ha sucedido y que ha provocado tu obsesión. ¿Qué ha pasado? ¿Dónde estabas? ¿Con quién estabas? ¿Qué has notado? ¿Cómo has reaccionado?

- **Emociones y sensaciones físicas**

En la segunda columna, quiero que califiques tu emoción de 0 a 100. A continuación, anota las sensaciones físicas que hayas experimentado. ¿Qué emociones sentiste? ¿Qué tipo de sensaciones físicas has experimentado?

- **Preocupaciones, pensamientos, sentimientos, dudas e imágenes iniciales**

En la tercera columna, escribe lo que podría ocurrir. Estos son los primeros pensamientos que pasaron por tu cabeza después de sentirte provocado. ¿Qué te molestó? ¿Qué es lo peor que podría pasar?

- **Respuesta alternativa**

En la cuarta columna, escribe cuál podría ser una perspectiva más saludable. En este momento debes detenerte y respirar profundamente para calmar tu mente. ¿Asumes que eres responsable? ¿Qué tendría que decir otra persona en esa situación? ¿Cuál es otra forma de ver esto?

- **¿Qué hice?**

En la quinta columna, escribe lo que hiciste en respuesta a tu desencadenante. ¿Cuántas veces lo hiciste y durante cuánto tiempo realizaste este acto?

- **¿Cuál es el resultado?**

En la última columna, escribe lo que ha sucedido a causa de esto. También puedes repasar lo que podrías haber hecho mejor en esta situación.

Tarta de responsabilidad

Con el TOC, es posible que te culpes a ti mismo cuando ocurre algo. Sin embargo, tendemos a atribuirnos más responsabilidad y culpa de la que merecemos. Creando una tarta de responsabilidad, puedes desafiar este pensamiento distorsionado.

En una escala de 0 a 100, escribe cuánta responsabilidad sentirías si ocurriera lo peor.

Ahora tómate un tiempo para pensar y escribir todos los demás factores que podrían haber contribuido a que esto ocurriera, y cómo podrías compartir tu responsabilidad.

_____

_____

_____

_____

Dibuja un círculo en un papel y haz un punto en el centro. Desde ese punto, dibuja líneas para dividir el círculo en diferentes secciones para cada uno de los factores que has enumerado anteriormente. Puedes cambiar el tamaño de su parte del pastel según la cantidad de responsabilidad que creas que tienen.

Si queda algún espacio en el círculo, es la cantidad de responsabilidad que podrías tener en la situación.

Técnica STOPP

Se trata de una técnica de relajación que puedes utilizar cuando empieces a experimentar un pensamiento obsesivo. Te ayuda a detener el pensamiento y a replantearte la situación para no reaccionar de forma compulsiva.

Solo detente - Haz lo que dice. Deja de hacer lo que estás haciendo y no actúes inmediatamente. Espera un poco.

Ten una respiración - Inhala y exhala lentamente unas cuantas veces.

Observa - Hazte algunas preguntas sobre cómo te sientes. ¿En qué piensas? ¿Qué sientes? ¿A qué reaccionas?

Pon de retroceso - Amplía tu visión de las cosas y observa el panorama general. ¿Lo que estás experimentando es un hecho o una opinión? ¿Podrías verlo de otra manera? ¿Qué podría decir otra persona sobre esto? ¿Cómo puede afectar a los demás? ¿Qué tipo de consejo le darías a un amigo que se encuentra en esta situación?

Practica lo que funciona - Piensa en las consecuencias. ¿Qué es lo mejor que puedes hacer? Haz lo que más te ayude.

Jerarquía de situaciones temidas

Para ello, tendrás que anotar todas las situaciones que te angustian y escribirlas en orden de mayor a menor angustia. Junto a cada una de ellas, las clasificarás de 0 a 10, y luego pondrás si normalmente las evitas.

Lo que tienes que hacer es crear un gráfico con cuatro columnas. La primera columna es el rango, que empieza en el uno y llega hasta el final de tu lista. Debería estar ordenada de más a menos angustiosa.

En la segunda columna, escribirás tu situación de angustia.

En la tercera columna, pon un sí o un no en cuanto a si sueles evitar las situaciones.

En la última columna, puntúe la situación de cero a diez en función del grado de angustia que le produzca. El cero significa que no le causa ninguna angustia y el diez es el máximo grado de angustia.

Capítulo 8

Traumas

E xisten muchas teorías sobre el trauma que intentan explicar las formas en que la TCC podría ayudar a reducir los síntomas del TEPT. La Teoría del Procesamiento Emocional o EPT dice que las personas que experimentan un trauma podrían crear asociaciones entre los recuerdos seguros del evento traumático, su significado y cómo responden. Si se pueden cambiar estas asociaciones que provocan funciones poco saludables es la mejor manera de procesar las emociones.

La TSC o teoría cognitiva social dice que las personas que intentan incorporar sus experiencias de trauma a las creencias de cosas específicas sobre ellos mismos, el mundo y los demás, suelen hacer comprensiones poco útiles sobre sus percepciones y experiencias. Si alguien cree que las cosas malas siempre le ocurren a la gente mala, cuando una persona es violada, eso solo confirma que es mala, y no que fue violada injustamente. Conocer estas teorías puede ayudar al terapeuta a utilizar mejor las estrategias de la TCC.

Tratamiento del TEPT

Los terapeutas emplean diversas técnicas para ayudar a sus pacientes a reducir los síntomas y mejorar sus funciones. Los terapeutas que utilizan la TCC pueden animar a sus pacientes a que analicen sus supuestos y patrones de pensamiento para tratar de encontrar todos los patrones inútiles en sus pensamientos, como la generalización excesiva de los malos resultados, el pensamiento negativo y el esperar siempre lo peor, para tener patrones de pensamiento más eficaces y equilibrados. Esto se utiliza para ayudar al paciente a reevaluar sus experiencias traumáticas junto con la forma en que se entiende a sí mismo y lo bien que puede afrontarlas.

La exposición a una narrativa sobre el trauma, junto con los recordatorios sobre las emociones o el trauma se utilizan para ayudarles a reducir la desadaptación y la evitación con el trauma. Esta exposición se realiza de forma planificada y controlada por el terapeuta para que sus pacientes puedan elegir lo que quieren hacer. El objetivo principal es recuperar la previsibilidad, la confianza en sí mismo y la sensación de control del paciente, al tiempo que se reducen las conductas de evitación y escape.

Es muy común educar sobre las formas en que el trauma podría afectar a la persona, al igual que instruirla en diferentes maneras de ayudarla a relajarse. El manejo del estrés y la planificación para posibles crisis podrían ser componentes muy importantes de la TCC. El terapeuta, junto con el paciente, tiene alguna aportación a la hora de seleccionar qué elementos de la TCC serían los mejores para utilizar con pacientes específicos.

Datos sobre el TEPT

El TEPT puede afectar a cualquier persona, como el personal militar, los niños, los fotógrafos, los periodistas, etc.

Las personas que han sufrido algún tipo de trauma en su vida tienen un mayor riesgo de desarrollar TEPT.

Alrededor del 67 por ciento de todas las personas que han estado expuestas a la violencia masiva han desarrollado TEPT. Esta es una tasa más alta que la de las personas que han experimentado un desastre natural u otro tipo de trauma.

Información sobre el tratamiento del TEPT

Algunos de los mejores tratamientos para quienes padecen TEPT son las psicoterapias a corto plazo, como el TDC. En efecto, cada persona es diferente, por lo que su proceso terapéutico deberá ser diferente y ajustarse a sus necesidades individuales. Por lo tanto, esto significa que un tratamiento que funcionó bien para uno podría no funcionar igual para otro. Algunos pueden encontrar que necesitarán probar varios tratamientos diferentes para encontrar lo que funciona para ellos, sean cuales sean los síntomas que puedan estar experimentando. En realidad, no importa qué opción decida utilizar. Lo más importante es que se busque un tratamiento.

TCC

Este tipo de psicoterapia se ha descubierto como uno de los mejores tratamientos para el TEPT a corto y largo plazo. Cuando se utiliza la TCC para tratar el TEPT, siempre se centra en el trauma. Esto significa que los eventos traumáticos siempre serán el centro del tratamiento. Ayudará a la persona a cambiar, comprender e identificar los procesos de comportamiento y pensamiento. Este tipo de tratamiento implica que el paciente se involucre activamente durante y fuera de sus citas para aprender habilidades que pueda aplicar a sus síntomas. Todas las habilidades que aprendan tendrán que ser practicadas una y otra vez.

Componentes de la TCC

Si bien hay muchas técnicas diferentes de TCC que tienen diferentes cantidades de intervenciones cognitivas y terapia de exposición, los siguientes son los componentes principales que se han descubierto como los más eficaces cuando se trata de tratar el trauma.

- **Reestructuración cognitiva**

Este tipo de intervención puede ayudar a una persona a dar sentido a sus malos recuerdos. La mayoría de las veces, cuando una persona recuerda su trauma, lo recordará de una manera muy diferente a como ocurrió. Es habitual que sientan vergüenza o culpa por las diferentes partes de su trauma sobre las que no tenían control. El proceso de reestructuración cognitiva puede ayudar a una persona a ver los hechos de lo que ocurrió para tener una mejor perspectiva de su trauma.

- **Terapia de exposición**

Este tipo de intervención puede ayudar a la persona a afrontar y controlar los miedos que tiene exponiéndola a su trauma en un lugar seguro. La exposición podría significar que visiten lugares o personas que les hagan recordar su trauma. Se puede utilizar la realidad virtual para exponer a una persona a un entorno con una situación de miedo. La realidad virtual se ha utilizado para exponer a las personas a diferentes entornos que provocan una respuesta de miedo. La realidad virtual, al igual que todas las demás técnicas de exposición, puede ayudar a tratar el TEPT y otros traumas cuando se dispone del tipo de tecnología adecuado. No importa el método de exposición que se utilice, poco a poco se expondrán a su trauma para que se vuelvan menos sensibles a ellos con el tiempo.

Algunas TCC utilizadas para el TEPT

SIT o Entrenamiento de Inoculación de Estrés

Esta herramienta de TCC ayuda a reducir la cantidad de ansiedad que están experimentando al enseñarles cómo hacer frente y lidiar con su estrés que viene con el TEPT. El SIT puede utilizarse por sí solo, o puede combinarse con otras técnicas. El objetivo principal es ayudar a enseñar a las personas cómo pueden reaccionar a ciertas cosas de manera diferente. Para ello, se les enseña nuevos tipos de habilidades de afrontamiento que incluyen habilidades de asertividad, reestructuración cognitiva, relajación muscular y reentrenamiento de la respiración.

PE o Exposición Prolongada

Este tipo de TCC se basa en la terapia conductual para ayudar a las personas a acercarse lentamente a sus emociones, situaciones y recuerdos traumáticos. La EP se centra en exponer a las personas que tienen TEPT para que dejen de evitar los traumas. Alejarse de estos recordatorios puede ayudar durante un corto periodo de tiempo, pero a largo plazo, impide que el paciente se recupere del TEPT. La EP utilizará la exposición a imágenes que implica el recuento de todos los detalles de la experiencia traumática junto con exposiciones vivas que implican la confrontación constante con situaciones o personas que están relacionadas con su trauma.

TPC o Terapia de Procesamiento Cognitivo

Se trata de una versión adaptativa de la TCC que intenta ayudar a la persona a reconocer y reevaluar su pensamiento. Este tipo de tratamiento se centra en la forma en que una persona se ve a sí misma, al mundo que la rodea y a los demás después de haber experimentado un acontecimiento traumático. La mayoría de las veces, pensar de forma inexacta después de que haya sucedido algo traumático puede hacer que te quedes estancado después de que haya sucedido el evento. Con la fisioterapia, se examinan las razones del trauma y cómo ha afectado a su forma de pensar. Puede ayudar a las personas que tienden a culparse por lo que les ha ocurrido. La fisioterapia se centra en ayudarles a aprender a mirar si los pensamientos se apoyan en hechos reales y si podrían ver la situación de una manera diferente.

Otros tratamientos

También hay una serie de otras técnicas de tratamiento que no se consideran parte de la TCC.

PCT o terapia centrada en el presente

Este tratamiento no se centra en el trauma que mira los problemas actuales en lugar de procesar el trauma. La PCT da al paciente información sobre cómo el trauma ha impactado en su vida, junto con la enseñanza de estrategias que le ayuden a resolver los problemas que suceden en su vida cotidiana.

EMDR o Desensibilización y Reprocesamiento por Movimientos Oculares

Este tipo de psicoterapia consiste en procesar los sentimientos, pensamientos y recuerdos sobre el trauma. El EMDR pide a la persona que mire un movimiento oscilante o escuche un sonido mientras piensa en su trauma. Esto puede ser útil con el TEPT, pero hay algunas investigaciones que han encontrado que el movimiento de balanceo que están mirando no es el componente activo, sino que es un tipo de exposición.

Cosas que las familias pueden hacer para manejar el trauma

Siempre que ocurre un acontecimiento traumático, es normal y común tener algunos malos comportamientos, pensamientos y sentimientos. Más abajo encontrarás algunas formas de ayudarte a sobrellevarlos:

- Mantén la calma. Esto te ayuda a pensar con más claridad y a ser más útil para las personas que te rodean. No reaccione nunca ante los rumores o el pánico.

- Dile a los niños que están a salvo. Utiliza palabras sencillas que les ayuden a entender que pueden ocurrir cosas malas en tu comunidad y en el mundo, pero que están a salvo.

- Responde a las preguntas que puedan tener de la forma más honesta y sencilla posible. No ofrezcas demasiada información. Está bien decirles que no sabes.

- Si el niño es menor de ocho años, aléjalo de cualquier imagen gráfica. Si son mayores, controla la cantidad de exposición que tienen. Las imágenes gráficas y el imaginar lo que vivieron las víctimas es una fuente de angustia.

- Si tu hijo es pequeño, mantén las rutinas normales de la familia, como la hora de la cena, los cuentos antes de dormir, entre otras actividades como clubes o deportes.

- Dale tiempo a un niño mayor para que exprese sus reacciones a los hechos, animándole a hablar de sus sentimientos y de por qué cree que ocurrió el suceso.

- No especules nada más que los hechos. Reconoce su enfado o la necesidad de querer retribución, pero nunca los alientes. El hecho de expresar demasiada rabia podría hacer que las personas se sintieran más molestas o enfadadas.

- Las distracciones pueden funcionar para algunas personas mientras que hablar funciona mejor para otras. Mantén la perspectiva, recuerda que a pesar de los actos horribles, la gente ha aprendido a vivir de forma segura y con sentido incluso frente a la violencia. Fíjate en todos los esfuerzos que han hecho que la comunidad sea segura.

- Todo el mundo manejará la crisis de forma diferente. No condenes ni juzgues a la gente por su forma de manejar las cosas. No presiones a nadie para que maneje un acontecimiento traumático haciéndole hablar de él o siguiendo con su vida. Cualquier tipo de afrontamiento puede funcionar. Pero la mayoría de la gente habla para ser útil.

- Mantente cerca de tus amigos o de tu familia, o comprueba que estás con ellos. Esto siempre reconforta a la gente.

- Los eventos traumáticos enormes podrían traer algunos recuerdos sobre traumas pasados. Ten en cuenta que esto puede ocurrir y busca ayuda si lo necesitas.

- Si sientes que necesitas estar con la gente de tu comunidad a un nivel más amplio, contacta con organizaciones locales. La mayoría tendrá eventos organizados o tendrá una persona que puede ayudarte con algunas referencias.

- La mayoría de la gente quiere ayudar, pero si la reacción es demasiado abrumadora, busca ayuda profesional.

Sentimientos que pueden tener los niños

Todos los niños que han sido maltratados tendrán algunos sentimientos y preocupaciones que quizá no entiendan. Más abajo encontrarás algunos sentimientos que los niños han experimentado. Haz que tu hijo marque o encierre en un círculo los sentimientos que haya podido tener:

- "Me meteré en problemas".

- "Debería haber avisado a alguien antes".

- "He hecho algo malo".

- "Estoy muy enfadado".

- "Quiero hacer daño a la persona que me hizo daño".

- "Nadie sabe cómo me siento".

- "Causaré más problemas si lo cuento".

- "Debería haber detenido el abuso".

- "Tengo mucho miedo y no sé qué debo hacer".

- "Yo también debería meterme en problemas".

- "Me siento triste todo el tiempo".

- "Me siento diferente a los demás niños de mi edad".

- "He causado muchos problemas".

- "El abuso fue todo culpa mía".

Cualquier otro sentimiento que hayas tenido...

Cómo me siento

Con este ejercicio, harás que el niño encierre en un círculo las palabras que describen cómo se siente con respecto al suceso traumático y luego pasará a describir por qué se sintió así y qué puede hacer al respecto.

Me siento:

- Nervioso

- Asustado

- Alegre

- Enfermo

- Aburrido

- Triste

- Molesto

- Emocionado

- Enfadado

- Molesto

- Preocupado

- Feliz

Tengo estos sentimientos porque...

_____

_____

_____

Esto es lo que puedo hacer con mis sentimientos...

_____

_____

_____

Otras cosas que hubiera podido hacer... (marca con un círculo todo lo que necesites)

- Hablar con un amigo

- Alejarse

- Avisar a un adulto

- Respirar profundamente

- Hacer otra cosa

- Pedir ayuda

Recordando lo que pasó

Si quieres recordar las cosas que han pasado, tienes que ser capaz de imaginarlas en tu mente. Quizá quieras bloquear estas cosas de tu mente, pero no desaparecerán. Haz todo lo posible por imaginarte lo que ha pasado y luego dibujarla a continuación. Sí, puede ser difícil, pero hazlo lo mejor que puedas.

Capítulo 9

Autolesiones

Hay un problema creciente con los niños que se autolesionan. Los niños que tienen este tipo de comportamiento, como ingerir veneno, herirse o cortarse por una u otra razón, necesitan ayuda desesperadamente. La razón principal es cómo podemos ayudar a un niño que se hace daño a sí mismo.

Las autolesiones no solo perjudican al niño, sino a toda la familia. Hace daño a sus amigos y a cualquier otra persona que esté a su alrededor. Los seres queridos y los amigos no entienden las autolesiones y no saben cómo pueden ayudarles. Las personas que se autolesionan pueden tener problemas para decir a los demás por qué quieren autolesionarse. No pueden expresar el tremendo alivio que les produce el dolor emocional y la herida.

La TCC se ha utilizado durante mucho tiempo para ayudar a las personas que tienen problemas de salud mental. ¿Podría utilizarse para ayudar a alguien que se autolesiona?

El tipo de autolesión más común suele ser el corte. Es cuando un niño se corta intencionadamente las piernas, los brazos o las muñecas. Normalmente lo hacen en un lugar que puede ocultarse fácilmente con una prenda de vestir. La mayoría de las personas que se hacen este tipo de daño dicen que les ayuda a cambiar su enfoque de su dolor emocional al dolor físico. Esto les aporta una gran sensación de bienestar y alivio. La autolesión parece ser un hábito fácil de formar porque realizar este tipo de comportamiento les hace sentir mejor.

La TCC ha sido utilizada para ayudar a todo tipo de problemas psicológicos, incluyendo algunas enfermedades mentales muy graves. Las investigaciones demuestran que podría ayudar a cambiar la composición neuroquímica del cerebro y podría dar lugar a un cambio conductual y emocional duradero. La TCC se centra en el modo en que las actitudes y creencias internas de las personas modifican sus comportamientos y sentimientos. Puede ayudarles a darse cuenta de esas creencias y a cambiarlas.

Una nueva investigación está analizando la eficacia de la psicoterapia para ayudar a las personas que se autolesionan. La TCC fue la psicoterapia más utilizada en la investigación. La TCC se realiza normalmente en sesiones de terapia con un psicólogo especializado en TCC. La duración de la terapia que necesita un niño para tratar sus autolesiones suele ser inferior a diez sesiones. Cada sesión dura entre 45 y 50 minutos. Algunas intervenciones se centraban en niños que tenían un historial de autolesiones, mientras que otras se centraban en ayudar a los pacientes a mantener el tratamiento mientras estaban en contacto con otros servicios de salud mental.

La TCC también puede ayudar a otros problemas psicológicos como los pensamientos suicidas, la desesperanza por el futuro y la depresión. Existen otras intervenciones para los niños con antecedentes de autolesiones, pero solo unos pocos ensayos han analizado estas otras intervenciones.

¿Qué es lo que siento?

Los niños tienen problemas para explicar lo que sienten. A lo largo de su infancia, intentan descifrar sus emociones. Los sentimientos son confusos para un niño pequeño, y dentro de esa confusión, tienen problemas para expresarse.

Normalmente, los niños no se dan cuenta de los síntomas físicos de sus sentimientos, como la tristeza, el miedo, la ira y la ansiedad, que están relacionados con las emociones. Hacer las conexiones entre los síntomas emocionales y físicos podría ayudar a los niños a aprender más sobre sus sentimientos. Una vez que lo comprendan, se darán cuenta de las cosas que tienen que hacer para sentirse mejor.

Este ejercicio proporciona al niño una ayuda visual que puede ayudarle a identificar dónde siente el estrés en su cuerpo. El estrés de las emociones que molestan a un niño puede tener un gran efecto en los niños y puede causar algunos síntomas incómodos como dolores de estómago y de cabeza. Si se ayuda a los niños a conocer la forma en que sus cuerpos se sienten cuando están estresados, se les puede ayudar a aprender a lidiar con estos sentimientos.

La finalidad de este ejercicio es que el terapeuta y el niño identifiquen sus síntomas físicos. Tendrás que indicarle al niño que encuentre dónde siente alguna molestia o dolor cuando se altera. Haz que el niño marque con una X la zona en la que siente alguna molestia cuando se siente angustiado o emocionalmente incómodo.

Este ejercicio es el primer paso para ayudar al niño a saber cómo sus síntomas físicos están relacionados con las emociones. Tendrás que dibujar el contorno de un cuerpo para que tu hijo pueda marcar con una X las partes afectadas. No tienes que preocuparte por hacer algo bonito. Una figura de palo puede servir.

Factores de protección

Cuando se trata de un niño que tiene problemas de baja autoestima y confianza en sí mismo, hay que asegurarse de que conoce sus factores de protección.

También es importante conocer sus propios factores de protección. Estos factores de protección constituyen una fuente de consuelo, esperanza y fuerza a la hora de afrontar un reto. Un niño puede no ser consciente de sus factores de protección. Es necesario llamar la atención del niño sobre estos factores de protección para dar un impulso a su autoestima y confianza.

Para este ejercicio, se da al niño espacio para explorar sus propios factores de protección. Algunos factores de protección pueden ser

- Lecciones de otras experiencias

- Estrategias de afrontamiento

- Habilidades

- Sistemas de apoyo

- Habilidades

Todos estos factores son decisivos a la hora de enseñar a un niño a enfrentarse a los problemas de relación, los retos de la vida, los problemas de recaída, la depresión, la ansiedad y el estrés.

Esta actividad es ideal para los niños que tienen problemas para enfrentarse a los factores estresantes de la vida. Para este ejercicio, tendrás que indicar al niño que piense en cinco factores de protección que le ayudan a ser fuerte.

Explícales la importancia de este ejercicio y diles que lo terminen solos. Una vez que lo hayan terminado, repasa los resultados con el niño. Habla de cómo cada factor puede servir para mantener su salud mental fuerte.

Puedes hacer este ejercicio con la terapia de grupo, la terapia familiar, la terapia de pareja y la terapia individual.

Más abajo encontrarás cinco subtítulos que enumeran tus cinco factores de protección. Bajo cada subtítulo, escribe cinco cosas en cada uno de ellos que pueden ayudarte a ser lo suficientemente fuerte como para proteger tu salud mental.

Lecciones de experiencias anteriores

Estrategias de afrontamiento

Habilidades

Sistemas de apoyo

_____

_____

_____

Habilidades

_____

_____

_____

———◆———

Mis fortalezas

Cada vez que un niño sufre problemas de comportamiento, abusos, traumas o ansiedad, se va a sentir vulnerable e indefenso. Estos sentimientos pueden impedir que el niño tome medidas que le ayuden a cuidar de sí mismo cuando lo necesite.

Para que un niño desarrolle todas las habilidades que necesita para ser emocional y mentalmente resistente y fuerte, ha de conocer sus fortalezas. La mejor manera de aumentar la autoestima y la confianza de un niño es decirle todas las cualidades que posee y que le hacen fuerte.

Este ejercicio anima al niño a explorar las cualidades que posee y que le hacen fuerte, para que sea capaz de cuidar de sí mismo. Se trata de una buena introducción para ayudarles a aprender a manejar sus problemas emocionales y de comportamiento de forma saludable, a la vez que se refuerza su confianza. Para ello, hay que mostrarle al niño sus habilidades y puntos fuertes y las formas en que puede utilizarlos a diario.

En este ejercicio, le dirás al niño que escriba tres puntos fuertes o que dibuje tres puntos fuertes. Esto le ayudará a iniciar una conversación sobre la confianza en sí mismo para utilizar sus puntos fuertes para comunicar sus expectativas y necesidades y lo que debe hacer si se siente incómodo o amenazado.

Cuando el niño haya terminado el ejercicio, míralo con él y muéstrale cómo se pueden utilizar esos puntos fuertes. Se trata de un gran ejercicio para el asesoramiento individual, ya que el tiempo individual puede ayudar a que el niño aprenda a construir su confianza y a interiorizar sus puntos fuertes.

Enumera tres cosas que te hacen fuerte bajo los enunciados siguientes.

Dibuja o escribe la primera cosa que te hace fuerte:

_____

_____

_____

Dibuja o escribe la segunda cosa que te hace fuerte:

_____

_____

_____

Dibuja o escribe la tercera cosa que te hace fuerte:

_____

_____

_____

———✦———

Sobre mí

Este es probablemente el más sencillo de todos los ejercicios enumerados. Pídele al niño que termine cada una de estas frases de la forma más sincera y abierta posible:

1. Me siento muy feliz cuando...

_____

_____

_____

2. Algunas cosas que les gustan a mis amigos de mí son...

_____

_____

_____

3. Estoy orgulloso de...

_____

_____

_____

4. Mi familia se puso muy contenta cuando...

_____

_____

_____

5. Cuando estoy en la escuela, soy bueno en...

_____

_____

_____

6. Una cosa que me hace ser quien soy es ...

_____

_____

_____

Conclusión

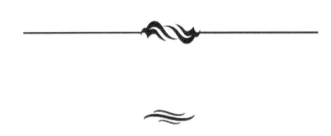

Muchas gracias por haber llegado hasta el final de *Terapia Cognitivo-Conductual para Niños*. Confiamos en que haya sido informativo y capaz de proporcionarte todas las herramientas que necesitas para lograr tus objetivos, sean cuales sean.

El siguiente paso es ayudar a tus hijos a practicar las técnicas que más les convengan. Si bien es importante que ayudes a tus hijos a realizar estas técnicas, es igualmente importante que no los obligues. En función de lo que te haya traído hasta aquí, obligarles a participar en este trabajo podría acabar causándoles más problemas. Facilítales la entrada y apóyales cuando lo necesiten.

Asimismo, los efectos de estas actividades no serán inmediatos. Será un proceso continuo, pero funcionará para tu hijo. Continúa ayudándole a resolver lo que le preocupa. Lee más y anímales a hacer lo mismo. Debes asegurarte de buscar ayuda profesional si ves que tu hijo no hace más que empeorar. Esto es especialmente cierto si ha sufrido un trauma severo o si está mostrando acciones autolesivas o suicidas.

Por último, si este libro te ha resultado útil de alguna manera, ¡siempre se agradece una reseña en Amazon!

Terapia Cognitivo Conductual para Adolescentes

Métodos y Ejercicios Probados para Manejar la Ira, la Ansiedad, la Depresión y el Dolor. Haz Crecer Tu Autoestima Superando los Pensamientos Negativos

Tara Wilson

Traductora: Juliana Correa Nieto

Introducción

Muchas gracias por elegir Terapia Cognitivo Conductual para Adolescentes. Confío en que la información de este libro te resulte útil. Actualmente has elegido dar un gran paso hacia tu salud mental. La salud mental es algo muy importante, pero demasiados de nosotros hemos sido condicionados por la sociedad para creer que no es importante. Nos dicen que nos animemos y que "nos enfrentemos a ello" cuando lo único que queremos hacer es meternos en la cama y llorar. Estoy aquí para decirte que no tienes que "lidiar con ello".

El presente libro está destinado a ayudar a los adolescentes a superar los problemas que puedan estar experimentando. Encontrarás información sobre algunos de los problemas más comunes con los que se puede encontrar un adolescente y ejercicios que te ayudarán a trabajar con ellos.

El mejor modo de utilizar este libro es leerlo y luego repasar los capítulos que más te interesen. Gran parte de las prácticas se solapan, por lo que es posible que encuentres algo en cada capítulo que pueda ayudarte.

También es importante que busques ayuda profesional si es necesario. No me cansaré de repetirlo. Si bien estos ejercicios pueden ayudarte enormemente, todos necesitamos a alguien con quien hablar que nos ayude a dar sentido a lo que sentimos. Como adolescentes, puede parecer que eres tú contra el mundo. Tus padres no te entienden, y la sociedad no te entiende. Todo esto puede llegar a ser bastante abrumador. Por eso debes pedir ayuda cuando la necesites.

Ahora es mucho más fácil aprender a superar estos problemas. Quizá te dé miedo, pero no estás solo. Hay muchos adolescentes ahí fuera justo donde estás tú. Aprender más sobre lo que estás experimentando puede ayudarte a aliviar la preocupación y a saber qué hacer a continuación.

Si eres el padre o la madre del adolescente que busca una forma de ayudarle, no te preocupes, hay un capítulo dedicado a ti.

Gracias, una vez más, por elegir este libro. Comencemos.

Capítulo 1

¿Qué es la TCC?

L a TCC o terapia cognitivo-conductual es un tipo de psicoterapia que pone la atención en crear conexiones entre los sentimientos, el comportamiento y los pensamientos. La TCC puede ayudar a las personas a ver y cambiar cualquier patrón disfuncional.

La TCC puede utilizarse con adolescentes. Es una forma estupenda de tratar una gran variedad de problemas que incluyen la depresión, la ansiedad, el abuso de sustancias y los trastornos alimentarios.

Principios de la TCC

La TCC tiene como base que existen vínculos claros entre los sentimientos, las conductas y los pensamientos. Mira este ejemplo:

- Tienes un pensamiento de "soy socialmente torpe".

- Comienzas a sentirte ansioso,

- Tu comportamiento se convierte en que te sientas en una esquina solo durante una fiesta.

Si un adolescente cree que es torpe, puede rehuir hablar con los demás y evitar el contacto visual. Luego, cada vez que no tienen interacciones sociales positivas, se refuerza su creencia de ser socialmente torpe.

La TCC pretende romper este ciclo cambiando la forma de comportarse o de pensar del adolescente.

Los psicoterapeutas pueden ayudar a un adolescente a cuestionar las suposiciones negativas que pueda tener sobre sí mismo realizando algunos experimentos conductuales. Cuando un adolescente se considera socialmente torpe, el terapeuta le puede pedir que empiece a hablar con cinco desconocidos. Y si tiene algún éxito, su creencia de ser socialmente torpe no será tan fuerte.

Es posible que un terapeuta ayude a los adolescentes a cambiar sus patrones de pensamiento. Cuando un adolescente piense que es "raro", podría recordarse a sí mismo que "todo el mundo es diferente, y eso está perfectamente bien". Ser capaz de cambiar los pensamientos podría reducir su ansiedad.

Cómo funciona la TCC

Los adolescentes suelen tener algunas creencias extrañas sobre sí mismos. La TCC puede ayudarles a afrontar y cambiar estos pensamientos.

Por ejemplo, si un adolescente cree que no es digno, puede buscar cualquier prueba que refuerce esta creencia. Si fracasan en un examen, empiezan a pensar que son estúpidos. Si su amigo no le contesta a un mensaje de texto, asume que no le agrada.

El terapeuta que utiliza la TCC puede ayudar al paciente a encontrar cualquier patrón de pensamiento insano que empeore sus problemas de salud mental. Es posible que el terapeuta les haga algunas preguntas y les haga llevar un diario de pensamientos para encontrar cualquier pensamiento disfuncional.

Durante otras sesiones, se utilizan ciertas técnicas que pueden enseñar al adolescente nuevas formas de pensar sobre sus comportamientos y pensamientos disfuncionales y que podrían conducir a mejores formas de satisfacer sus necesidades.

Beneficios de la TCC

La TCC contribuye a que los adolescentes aprendan nuevas formas de identificarse con su entorno. Si la comparamos con otras terapias, la TCC es una terapia a corto plazo. Puede haber momentos en los que sólo se necesiten unas pocas sesiones.

La TCC está enfocada a problemas que tratan de los problemas en el tiempo presente de la persona. Los terapeutas no sacarán a relucir la infancia del adolescente ni tratarán de encontrar significados ocultos en su comportamiento. Las sesiones se centran en ayudar al adolescente con los problemas que tiene en este momento.

La TCC puede proporcionar a un adolescente los beneficios de:

- Cambiar sus patrones de pensamiento negativos

- Encontrar mejores formas de lidiar con el estrés

- Mejorar su autoestima

- Interrumpir los pensamientos que podrían conducir a comportamientos autodestructivos o adictivos

- Reducir las fobias y los miedos

- Mejorar su comunicación con otras personas

TCC para adolescentes

La TCC para adolescentes es un enfoque que se centra en los objetivos que buscan las conexiones entre los comportamientos, los sentimientos y los pensamientos de un adolescente. El principal objetivo es ayudar a un adolescente a cambiar sus comportamientos y pensamientos que pueden darle algún alivio de todos los síntomas negativos que están vinculados a la mayoría de los problemas de salud mental.

La TCC para adolescentes es algo diferente a otros tipos de terapia porque un terapeuta trabajará con el adolescente a fin de reducir o superar los síntomas que están asociados con lo que sea que pueda estar luchando en ese momento. La TCC se diferencia de la terapia normal que sólo habla porque tiene una estructura. Los terapeutas guiarán al adolescente para ayudarlo a recorrer y hablar de ciertos desafíos o temas. El terapeuta conversará con el adolescente sobre el progreso que está haciendo junto con cualquier lucha que pueda estar enfrentando. El terapeuta se mantendrá al tanto de los objetivos que se han fijado para el adolescente y de lo que ha avanzado en el camino. La participación del terapeuta dará al adolescente algunos "deberes" para practicar entre sus sesiones de terapia. Como la terapia se basa en que el adolescente haga cambios en su vida, este trabajo puede ir más allá del tiempo que el adolescente esté trabajando con el terapeuta.

Dado que la TCC para adolescentes se centra en ayudar a un adolescente a cambiar sus comportamientos relacionados con los síntomas y las luchas que ha estado experimentando, puede ser una gran herramienta para ayudarle, pero puede evitar que tenga una recaída. Los pasos prácticos que un terapeuta podría utilizar con un adolescente podrían incluir la adición de algunas actividades que sean positivas en la vida del adolescente mientras se reestructuran sus patrones de pensamiento falsos o negativos.

La TCC se podría utilizar para cambiar su comportamiento, incluyendo la adición de actividades agradables y positivas en sus vidas cada día. Si bien esto puede parecer muy simple, puede ser difícil para un adolescente deprimido tener suficiente energía para hacer todas esas cosas positivas por sí mismo. Para un adolescente que puede estar lidiando con el abuso de sustancias, también puede ser difícil incorporar actividades que le gusten y que le impidan consumir.

Otra forma en que la TCC puede ayudar a un adolescente a cambiar sus patrones de pensamiento negativos es desbaratándolos y luego reestructurándolos. Por lo general, estas creencias y autopercepciones negativas vienen acompañadas de trastornos de salud mental que podrían desencadenar sentimientos y comportamientos negativos. Si un adolescente está luchando contra un trastorno alimentario, generalmente sufre de baja autoestima y podría creer algunas cosas negativas sobre sí mismo. Esto puede conducir a comportamientos muy destructivos. Cuando un adolescente tiene ataques de pánico o fobias, tiene patrones de pensamiento que pueden salirse de control si sus desencadenantes son atacados. Lo más difícil de sus patrones de pensamiento es que son extremadamente evasivos para el adolescente hasta que se anima a mirar sus pensamientos. En ese momento, pueden establecer las conexiones entre los pensamientos para hacerlos más claros. Los terapeutas pueden ayudarles a desbaratar esos pensamientos negativos desde el principio. El adolescente también puede empezar a tener una sensación de control sobre sus sentimientos y pensamientos. Esto podría ser un paso muy poderoso y podría dar al adolescente un alivio muy necesario de lo que ha estado experimentando.

Investigaciones demuestran que la TCC en los adolescentes es una gran manera de manejar varios trastornos de salud mental. Resulta tan eficaz como los medicamentos para la depresión y la ansiedad. Como con cualquier enfoque, algunos adolescentes conectarán mejor con la TCC que otros. La mayoría de los adolescentes se sentirán apoyados y disfrutarán de la naturaleza de esta técnica mientras trabajan activamente con su terapeuta. Pese a que se trata de un enfoque orientado a objetivos, intensivo y a corto plazo, la TCC puede ser una buena técnica para añadir a otros planes de tratamiento.

Capítulo 2

El papel de la familia

He prometido a los padres un capítulo que les ayudará a orientar su papel en todo esto, y aquí está. La adolescencia es muy diferente a la juventud. La adolescencia conlleva importantes cambios sexuales y hormonales, así como un cambio en el desarrollo cognitivo. Es cuando empiezan a alejarse de su familia, a hacer nuevos amigos y a probar cosas nuevas. Todo ello forma parte del desarrollo de su propia identidad. Estos cambios son inestables, por lo que algunos adolescentes pueden experimentar ansiedad, depresión y sentimientos contradictorios. Esto puede contribuir también al abuso de sustancias y a los trastornos alimentarios. La ansiedad y el estrés causados por la vida y la escuela se suman al hecho de que muchos adolescentes pueden experimentar problemas de salud mental por primera vez.

En esta etapa, la terapia tiene que respetar esta fase de desarrollo, y por eso los padres no deben tener un papel tan importante como el que tendrían con niños más pequeños. Aunque el adolescente tenga una relación respetuosa y estrecha con sus padres, experimentará una mayor necesidad de independencia y privacidad. Si experimentan fricciones con sus padres, lo que es muy común, los adolescentes pueden proteger ferozmente esta privacidad, y sobrepasar ese límite puede hacer que se nieguen a recibir ayuda. En calidad de padre, debes dar un paso atrás a menos que tu hijo adolescente te pida ayuda. Esto no significa que no pueda aportar nada, especialmente si llevas a tu hijo a un terapeuta. Seguramente, el terapeuta también recibirá información de ti. Sin embargo, tu hijo adolescente es el cliente, no tú. Los padres tienden a ver una cosa como el problema, mientras que el adolescente siente que el problema es otra cosa. Si bien ninguna de las dos cosas es correcta o incorrecta, es el adolescente el que está trabajando en sus problemas y el padre. Por difícil que sea dejar que tu hijo se enfrente a las cosas por sí mismo, a veces es lo mejor que puedes hacer. Hazle saber que estás ahí si te necesita, pero no te metas a la fuerza en sus problemas.

Se trata de un momento difícil para el adolescente y para los padres. Por eso es habitual que los padres empiecen a tener discusiones con un hijo que, hasta ahora, ha sido agradable. Como ayuda, estos cinco consejos pueden ayudarte a entender qué es lo mejor que puedes hacer cuando tu hijo adolescente está en terapia o tratando de solucionar sus problemas.

1. Respeta su confidencialidad, pero estate dispuesto a participar si es necesario.

La mayoría de las veces, los problemas no ocurren de forma aislada. Las relaciones, los roles y la dinámica de la familia desempeñan un papel importante en las acciones, la salud mental general e incluso el rendimiento académico del adolescente. Con frecuencia, el cambio va a tener que producirse a nivel familiar para que los cambios de comportamiento individuales tengan un impacto duradero. Si deseas que tu hijo adolescente cambie, tendrás que estar dispuesto a hacer algunos cambios por tu parte también. En consecuencia, hazle saber a tu hijo que están juntos en esto, y demuéstralo escuchando sus comentarios y consejos. Si tu adolescente acude a un terapeuta y te sugieren una sesión familiar, estate dispuesto a participar.

2. Saber qué compartir y qué mantener en secreto.

Esto es más bien para los adolescentes que acuden activamente a un terapeuta, lo que puede ayudar a apoyar este cuaderno de trabajo. Con frecuencia, los padres se apropian del proceso terapéutico compartiendo demasiado con el terapeuta. A pesar de tener las mejores intenciones, compartir cada una de las preocupaciones que se tienen o todos los problemas que se perciben en el adolescente puede hacer que el proceso se centre demasiado en los problemas. Los adolescentes necesitan desarrollar su relación con el terapeuta, y una que no esté excesivamente influida por la perspectiva de sus padres. Si un adolescente se da cuenta de que su padre o madre está canalizando constantemente la información, no podrá confiar en el terapeuta, que es algo que necesita para que la terapia sea efectiva.

3. **Haz todo lo posible por transmitirle la confianza de que tu hijo puede cambiar, y asegúrate de comentar los cambios que hace y no el comportamiento problemático.**

Para que los adolescentes tengan la posibilidad de hacer cambios duraderos, el apoyo de los padres es de suma importancia. Los niños de todas las edades necesitan oír lo que hacen bien, no sólo las cosas que hacen mal. Termina siendo desmoralizante para un niño sentarse con sus padres y luego ser bombardeado con todo lo que está haciendo mal. Tienes que identificar los cambios positivos que están haciendo, aunque sean pequeños. Si tienes una nueva preocupación, asegúrate también de tener algo positivo que decir antes de sacar el tema.

4. **Ofrece a tu hijo la oportunidad de contarte sus objetivos en la terapia, pero no te entrometas.**

Los padres suelen pensar que su hijo no quiere hablar de lo que está haciendo. Esto no siempre es así. En la mayoría de los casos, los adolescentes quieren mantener a sus padres informados, pero no responden bien cuando las preguntas les parecen indiscretas. Ofrece una invitación abierta para que tu hijo adolescente te haga saber lo que está pasando, pero asegúrate de no presionarle demasiado.

5. **Utiliza la autodivulgación y ayúdales a aprender a utilizar su terapia.**

Los padres suelen tener sus propias experiencias en la terapia. Comparte esas experiencias con tu hijo. De este modo, puedes ayudar a normalizar este proceso. Piensa si estás dando ejemplo de expresiones emocionales saludables a tu hijo adolescente. Además, puedes mostrarle que ser abierto sobre lo que estás pasando puede ayudar. Los adolescentes son muy buenos para detectar a los hipócritas, así que procura no pedirles que hagan cambios que tú no estás dispuesto a hacer. Por ejemplo, si eres reservado con tus emociones, no es justo esperar que tu hijo adolescente se abra sobre lo que siente.

Ser padre de un adolescente es duro y puede ser muy difícil para los padres saber cómo involucrarse en la terapia de tu hijo. Al final, lo mejor que puedes hacer es recordar a tu hijo adolescente que lo quieres y lo apoyas incondicionalmente. Confía en el proceso por el que está pasando tu hijo.

Capítulo 3

Practicando el Mindfulness

C uando oigas la palabra mindfulness, probablemente no pienses en los adolescentes. Pero cada vez hay más pruebas de que el mindfulness puede ayudar a los adolescentes igual que a los adultos. El mindfulness puede ayudarles a crear empatía, así como a controlar sus impulsos y a concentrarse mejor. Claramente, el mindfulness puede ayudar a los adolescentes a superar todos los retos a los que se enfrentan durante su adolescencia.

Los adolescentes de hoy en día parecen estar muy estresados. Según algunas investigaciones de la APA, se ha demostrado que los adolescentes tienen un nivel de estrés más alto que los adultos. Aproximadamente la mitad de los adolescentes dicen no saber cómo manejar su estrés. Los dos métodos más comunes que utilizan para manejar su estrés son navegar por Internet y jugar a los videojuegos.

El mindfulness es una gran herramienta que cualquier adolescente podría utilizar para ayudarle a manejar su estrés. Las investigaciones dicen que si un adolescente puede practicar el mindfulness de forma constante, puede reducir sus depresiones y su ansiedad. Además, puede ayudarles a dormir mejor, a tener relaciones más fuertes y a ser más conscientes de sí mismos. Todas estas cosas pueden contribuir en gran medida a mejorar sus niveles de estrés.

Enseñar a los adolescentes sobre el mindfulness

Como profesor o padre, podemos introducir a los adolescentes en las prácticas de mindfulness. El mindfulness significa tener una conciencia sin prejuicios y con propósito. Es posible que tengas que trabajar para convencer a tu hijo de lo valioso que es ir más despacio, apagar sus dispositivos electrónicos y simplemente respirar. Si tu hijo adolescente está interesado en probar algunas prácticas de mindfulness, a continuación encontrarás algunas que son bastante fáciles de introducir.

Ser un modelo de mindfulness

No podrás mostrar a tu hijo adolescente todos los beneficios de el mindfulness si no eres capaz de modelarla. No se trata de que tengas que estar siempre meditando, sino de que demuestres que puedes gestionar tu estrés mientras respondes y no reaccionas ante cualquier contratiempo.

Recientemente, he tenido que cambiar el calendario de mi curso debido al mal tiempo y a la pérdida de algunos días de clase. Mientras lo hacía, uno de mis alumnos comentó: "¡Pareces muy estresado! Normalmente estás muy relajado".

Su afirmación me sorprendió. Suelo ser activa e intensa cuando enseño, pero pongo una fachada de "frialdad".

Si quieres que tus hijos se tomen en serio el mindfulness, tienen que verte haciéndolo. Tienen que verte prestando atención y manejando bien los desafíos de la vida. Los adolescentes de hoy en día pueden detectar a un farsante a una milla de distancia.

¿Qué obtienen de ello?

Es posible que los adolescentes consideren que el mindfulness no tiene relación con sus vidas conectadas y ocupadas. Aquí tienes algunos datos que puedes compartir con ellos:

- Se ha demostrado que el mindfulness reduce los síntomas de la depresión, el estrés y la ansiedad.

- El mindfulness puede mejorar la concentración

- Los estudios han demostrado que los adolescentes que meditan antes de un examen obtienen mejores resultados

Háblales de su cerebro

A los adolescentes les encanta saber cómo funciona su cerebro. Puedes enseñarle a tu hijo adolescente que el mindfulness es como tener un manual de instrucciones para el cerebro. Tienes que contarle a tu hijo adolescente las tres estructuras de su cerebro:

- El córtex: es la parte responsable de la autorregulación y el pensamiento

- La amígdala o sistema límbico: es el "cerebro de los mamíferos" que se ocupa de la memoria y las emociones

- El tronco del encéfalo: es el "cerebro de reptil", responsable del ritmo cardíaco, la respiración, etc.

La amígdala está cerca del córtex prefrontal, y el mindfulness podría ayudar a esta parte del cerebro a procesar las emociones que provienen del sistema límbico. Eso podría llevar a tomar mejores decisiones porque permite hacer una pausa, que es una habilidad necesaria en lugar de limitarse a reaccionar sin pensar.

Si puedes enseñar a tu hijo adolescente que el mindfulness es como entrenar su cerebro, podría responder más rápido y mejor. La meditación puede aumentar la materia gris dentro del cerebro que es responsable de la compasión y la autoconciencia. El mindfulness tiene un papel dentro de la neuroplasticidad del cerebro. Las cosas que experimentamos podrían cambiar nuestro cerebro, al igual que el ejercicio cambia el cuerpo.

Háblales de su mente

La mejor manera de enseñar a un adolescente sobre su mente es utilizar la analogía de la "mente de mono", que siempre está saltando de un pensamiento a otro. Utilizar ejercicios de mindfulness con tu hijo durante un momento estresante de su vida, como los exámenes finales, puede mostrarle que su ansiedad está realmente "en su cabeza". Su estrés se produce cuando están preocupados por algo. Sus cerebros piensan constantemente en los peores escenarios. Puedes decirles algo como: "Puede que pienses que si suspendes este examen, tus padres se pondrán furiosos contigo. Puede que pienses que no vas a entrar en la universidad de tus sueños, y que nunca vas a conseguir ese trabajo soñado". Puede que te pregunten cómo te has metido en su mente.

Cada vez que practiques el mindfulness, aprenderás que gran parte del parloteo de nuestra mente es sólo eso: ruido. No es lo que está ocurriendo; es ansiedad y preocupación. Es una proyección que no tiene ninguna base. El mindfulness puede enseñar a tu hijo adolescente a darse cuenta de sus pensamientos y ponerles una etiqueta o "preocupación". Pueden reconocer su ansiedad sin sentirse abrumados por todos los pensamientos negativos que puede crear.

Los adolescentes pueden descubrir que hay varias formas de abordar el mindfulness con habilidad, y esto puede ser una verdadera revelación para ellos.

¡Hay una aplicación!

Sé que esto puede parecer una locura, pero existen aplicaciones de mindfulness. Esto puede hacer que tu hijo practique mindfulness más rápidamente. A pesar de ser una aplicación, puede ayudarles a desconectar de su mundo cibernético. La mejor aplicación que he encontrado es "Insight Meditation Timer". Ayuda especialmente cuando se hacen prácticas de respiración. Esta aplicación tiene un mapa que muestra todos los lugares del mundo donde otras personas están meditando junto a ellos.

Aquí hay otras aplicaciones que parecen gustar a los adolescentes:

- **Take A Break:** Este no es sólo para adolescentes. Ofrece breves meditaciones que pueden ayudar a aliviar el estrés.

- **Smiling Mind:** Esta está diseñada para adolescentes y tiene acento británico y australiano.

- **Stop, Breathe, and Think:** A los adolescentes les gusta esta aplicación porque empieza con una breve entrevista en la que tienen que seleccionar palabras para describir cómo se sienten. A continuación, la aplicación les recomienda una meditación para que la utilicen.

Prácticas de mindfulness

Ahora que tu hijo adolescente está interesado en el mindfulness, aquí tienes algunas prácticas que puedes introducirle:

Esperar el estrés

El estrés es un hecho en la vida, pero tienes la opción de "estresarte". Todos se enfrentan al estrés todos los días. Puede ser un examen de biología o un informe oral. Cuando nos enfrentamos a una tarea difícil, nuestro cuerpo reacciona al estrés activando el sistema nervioso. Es una reacción normal. Se convierte en un problema cuando no dejamos que este estrés se descargue del cuerpo. Puedes hacerlo haciendo ejercicio o realizando alguna de las prácticas que se enumeran a continuación.

Las investigaciones han demostrado que cuando las personas esperan el estrés no se estresan tanto. Cuando nos decimos constantemente que todo será fácil y que las cosas sucederán según lo previsto, estaremos preparados para manejar todas las curvas que nos depara la vida.

Dile a tu hijo adolescente que el estrés es una reacción normal ante cualquier reto. No es culpa suya, ni han hecho nada malo. ¿Qué es lo mejor? Que hay muchas cosas que pueden hacer para sentirse mejor.

Ver lo bueno

Siempre que uno esté estresado, se pondrá en un estado de miedo. En este punto, comenzaremos a prestar atención a las amenazas, y esto sólo hará que nuestro estrés sea mucho peor. Debes animar a tu hijo adolescente a ver todas las cosas de su vida que son buenas o incluso que están bien. Rétalo a que repase su día y vea diez cosas agradables, amables, útiles o hermosas.

Poner música

Una forma fácil de que los adolescentes practiquen el mindfulness es simplemente escuchando música y dejando que la música se meta en sus cabezas. Esto te permite a ti también meterte en la canción. En lugar de centrarse sólo en la letra, haz que presten atención a la música. Pregúntales qué instrumentos oyen, si el ritmo es lento o rápido, o si la canción es suave o fuerte.

¿Cómo se sentían física y mentalmente al escucharla? ¿La música les provocó alguna emoción? Si lo hizo, ¿en qué parte del cuerpo lo sintieron? ¿Sintieron el ritmo de la música en su cuerpo?

Escuchando música con atención se puede aliviar enormemente el estrés. Es una buena manera de practicar el estar presente en cada momento.

Abrázate a ti mismo

Esto puede parecer lo más triste que hayas leído en todo el día, pero puedes abrazarte a ti mismo en cualquier momento del día. Tus nervios no se dan cuenta de que sólo eres tú. Cada vez que te aprietan, se activan y piensan automáticamente: "Alguien me quiere" y liberan oxitocina junto con todas las demás hormonas de la felicidad en el torrente sanguíneo y el cerebro. Abrázate a ti mismo. Te sentirás mejor al instante.

Las emociones no duran para siempre

El mayor problema de la mayoría de los adolescentes es que piensan que SIEMPRE se van a sentir mal. Utilizando el mindfulness, podrán darse cuenta de que las emociones no durarán para siempre. Siempre que prestes atención a las cosas que ocurren a tu alrededor, las emociones están cambiando constantemente. Los recuerdos, los sentimientos, los pensamientos y las sensaciones cambian constantemente. No habrá dos segundos en toda tu vida que sean idénticos.

Podrías hacer que tu hijo adolescente "graficara" sus emociones. La ira puede aparecer rápidamente y luego desvanecerse lentamente. Pero la tristeza será más bien una ola suave. Cuando rastrean sus emociones, pueden ver los contornos de su experiencia. No se centrarán sólo en el contenido. Cuando los adolescentes aprenden a entender cómo actúan las emociones en su cuerpo, pueden experimentarlas en lugar de limitarse a conocer una emoción.

Capítulo 4

Estrés

Los pensamientos negativos pueden crear una enorme cantidad de estrés en nuestras vidas. Nos pueden hacer sentir que estamos en un estado constante de "mal humor", pero podrían hacer que la mayoría de las cosas que experimentamos parezcan mucho más abrumadoras y estresantes, pero estos "malos humores" podrían ser contagiosos. Podrían hacer que los demás nos traten de forma diferente. No nos tratarán de forma amistosa debido a toda la negatividad perpetua que irradia de nosotros.

Muchas personas han descubierto que la TCC es una gran herramienta para ayudarles a controlar su estrés. La TCC puede ser eficaz en el tratamiento de varios problemas como el estrés severo, depresiones y trastornos de ansiedad. Independientemente de si el estrés contribuye a otros trastornos del estado de ánimo o si sólo está causando sentimientos desagradables que interfieren con su vida feliz. La TCC puede ser un gran método de tratamiento.

TCC y alivio del estrés

La mayoría de la gente ha descubierto que la TCC ayuda más rápidamente que otras terapias. Se trata de algo mucho más rápido que todos esos años que pasas tumbado en un sofá en la consulta del terapeuta, que es lo que la mayoría de la gente piensa cuando oye "ir al psiquiatra".

El apoyo a este enfoque proviene de toda la investigación que se ha realizado sobre los estilos explicativos pesimista y optimista. Asimismo, ha sido respaldado por todos los resultados positivos que ha arrojado la TCC para el estrés o la mayoría de las terapias conductuales y cognitivas.

La TCC se ha combinado con el mindfulness de la que hablamos en el capítulo anterior. Este enfoque se ha llamado a veces MBCT o terapia cognitiva basada en el mindfulness.

Cuando estés preparado para probarla y quieras encontrar un terapeuta, tienes derecho a preguntarle si utiliza la TCC. Asimismo, puedes buscar terapeutas especializados en intervenciones de TCC.

Si no te interesa ver a un terapeuta en este momento, pero quieres probar algo de TCC para reducir tu estrés, puedes empezar en casa. Existe una gran cantidad de recursos, cursos en línea y libros que podrían ayudarte a aprender formas de cambiar tu forma de pensar.

Si no estás seguro de necesitar la TCC, puedes preguntar a tu médico. Háblale de tus síntomas y pregúntale si cree que un terapeuta podría ayudarte. Pedir ayuda puede parecer aterrador, pero podría ser la mejor elección que hagas en tu vida.

Ejercicio y práctica del modelo cognitivo

Al principio de la TCC, aprenderás sobre el modelo cognitivo-conductual. Comenzarás a anotar tus experiencias en un registro. Para la mayoría de las personas, el salto entre estas dos tareas es un poco difícil. La hoja de trabajo que figura a continuación le ayudará a salvar esta distancia.

Puedes utilizarla cuando te cueste completar una idea. Mírala como una forma de "ampliar" tus pensamientos.

Situación

Se trata de una situación en la que te ocurre algo. Para este paso, sólo cubrirás los hechos de lo que ha ocurrido. No interpretarás nada de la situación.

Por ejemplo: "Un amigo, con el que normalmente soy amigo, pasó por delante de mí sin saludar".

Pensamiento

En este paso, tienes que interpretar la situación. Tu interpretación no va a ser exacta. Hay varias maneras de pensar en esta situación

- Pensamiento actual: "¿Qué he hecho mal?" "¿Por qué están enfadados conmigo?"

- Pensamiento alternativo: "No se han fijado en mí". "Deben tener muchas cosas en la cabeza".

Emociones

Has experimentado algunas emociones que se basan en lo que piensas sobre la situación.

- Pensamiento actual: "Herido" y "Ofendido"

- Pensamiento alternativo: "Neutral" "Imperturbable"

Comportamiento

Consigue responder a la situación basándose en sus sentimientos y pensamientos.

- Pensamiento actual: "No fui capaz de dejar de pensar en lo que pasó". "Los vi después y actué con frialdad hacia ellos".

- Pensamiento alternativo: "Actuaré cariñosamente con mi amigo como lo hago normalmente". "No le di más vueltas a la situación".

Más abajo encontrarás lo mismo que arriba, pero con espacios en blanco donde podrás escribir tus pensamientos y sentimientos reales. Aquí no hay nada bueno o malo. Son sólo las cosas con las que te enfrentas en este momento.

Situación

Esto es cuando te ocurre algo. En este paso, sólo cubrirás los hechos de lo que ha sucedido. No interpretarás nada de la situación.

_____

_____

_____

_____

Pensamiento

En este paso, tienes que interpretar la situación. Tu interpretación no va a ser exacta. Hay varias maneras de pensar en esta situación

- Pensamiento actual:

_____

_____

- Pensamiento alternativo:

_____

_____

Emociones

Has experimentado algunas emociones que se basan en lo que piensas sobre la situación.

- Pensamiento actual:

_____

_____

- Pensamiento alternativo:

_____

_____

Comportamiento

Consigue responder a la situación basándose en sus sentimientos y pensamientos.

- Pensamiento actual:

_____

_____

- Pensamiento alternativo:

$$\longrightarrow \blacklozenge \longleftarrow$$

REBT utilizando un modelo ABC

La REBT o terapia racional emotiva conductual es un tipo de TCC. Utiliza un modelo ABC para ayudar a explicar cómo interactúan los comportamientos, las emociones y los pensamientos. Dado que la enseñanza es el componente principal de la REBT, necesita tener un diagrama que pueda entender fácilmente. Más abajo encontrarás el ABC de este modelo con lo que necesitas hacer. Bajo cada uno habrá espacio para que escribas tus pensamientos. Asegúrate de rellenarlo para cada letra y no te saltes ninguna.

Evento activador

En esta sección, hablas de algo que te ha ocurrido o del entorno en el que te encuentras.

Creencias

En esta sección, puedes interpretar el acontecimiento activador. Son tus creencias sobre la situación.

Consecuencias

Aquí es donde se habla de las consecuencias. Incluirás los comportamientos y los sentimientos.

Disputa de creencias

En esta sección, se llega a cuestionar las creencias para poder crear nuevas consecuencias.

_____

_____

_____

_____

Nuevas creencias efectivas

Aquí es donde adoptas y pones en práctica tus nuevas creencias.

_____

_____

_____

_____

Capítulo 5

Trastornos del estado de ánimo

U n estudio publicado en el *Journal of Psychiatric Practice* descubrió que los terapeutas de TCC utilizaban un entorno hospitalario parcial para tratar los trastornos graves del estado de ánimo. El entorno hospitalario cambia de una persona a otra, ya que es más flexible y no es tan caro. Siendo la TCC la principal fuente de tratamiento, su estancia en el hospital fue de sólo dos semanas. Algunos científicos trataron de encontrar ciertos aspectos de la TCC que trataran con éxito los trastornos del estado de ánimo en un entorno hospitalario de corta duración. Este tipo de tratamiento incluía tanto psicoterapia como terapia de grupo. El paciente asistía a entre 12 y 20 sesiones semanales.

Todas las semanas se utiliza una declaración escrita para establecer ciertos objetivos y promover la colaboración entre el personal y el paciente. La terapia de grupo siempre ha estado orientada en la TCC. Los objetivos de la terapia incluían el desarrollo de estrategias más eficaces y mejores para comunicarse, el afrontamiento conductual como la activación conductual y la programación conductual, y la enseñanza de la autoevaluación. La terapia se dividió en dos semanas y dos etapas.

Durante la primera etapa, se aprende a encontrar los desencadenantes y a utilizar la reestructuración cognitiva junto con otras intervenciones.

En la segunda etapa, se trabajará en la prevención de cualquier recaída por cualquier crisis desconocida y cualquier plan como volver a la escuela o al trabajo.

Las investigaciones demuestran que tanto la disminución de las cogniciones negativas como la activación conductual se han asociado a la disminución de los síntomas depresivos tras el alta.

Exploraciones de la preocupación

Cada vez que alguien se preocupa, suele imaginar el peor escenario posible. En realidad, es posible que esas preocupaciones no se produzcan nunca. Las cosas que podrían suceder no son lo mismo que lo que sucederá.

Con las siguientes preguntas, tienes que pensar en lo que te preocupa frente a lo que está sucediendo. Mediante una serie de preguntas, explorarás los resultados que podrían ocurrir en lugar de ir automáticamente al peor resultado posible.

Esto podría ayudarle a desafiar cualquier pensamiento racional durante su TCC. Cada pregunta es lo suficientemente sencilla como para que incluso un niño pequeño pueda responderla.

¿Qué te preocupa ahora mismo?

_____

_____

_____

_____

Piensa en lo que va a pasar en lugar de lo que podría pasar. Esto puede ayudarte a no preocuparte tanto. Cada vez que empieces a preocuparte, responde a las siguientes preguntas:

¿Notas algún indicio que te indique que esto no se va a cumplir?

_____

_____

_____

Si lo que te preocupa no sucede, ¿qué podría pasar en su lugar?

_____

_____

_____

Si lo que te preocupa llega a suceder, ¿cómo podrías

_____

_____

_____

Después de haber respondido a las preguntas anteriores, ¿ha cambiado tu preocupación?

_____

_____

_____

_____

—————◆—————

Preguntas socráticas

La reestructuración cognitiva consiste en desafiar y cambiar los pensamientos irracionales. Una técnica que ayuda en este proceso son las preguntas socráticas. Los terapeutas utilizan estas preguntas para cuestionar sus pensamientos irracionales. A medida que te haces más consciente de tus pensamientos irracionales, puedes empezar a cuestionarlos.

Puedes utilizar las siguientes preguntas con otras terapias de TCC para ayudarte a cuestionar tus pensamientos irracionales. Trata de elegir entre tres y cinco preguntas para cada pensamiento en lugar de intentar terminar cada pregunta. Algunas respuestas más profundas son mejores que muchas respuestas apresuradas que no significan nada.

Todos sabemos que los pensamientos son un diálogo continuo dentro de tu cabeza. Aparecen en tu cabeza rápidamente y se van con la misma rapidez. Algunos ocurren tan rápido que no tenemos tiempo de cuestionarlos. Dado que los pensamientos pueden determinar la forma en que nos sentimos y la forma en que actuamos, es importante cuestionar cualquier pensamiento que pueda causar daño.

Piensa durante unos minutos en las siguientes preguntas y anota las respuestas que se te ocurran. Elabora todo lo que puedas y explica por qué o por qué no.

El pensamiento que quieres cuestionar:

_____

_____

_____

¿Hay alguna prueba que respalde este pensamiento? ¿Hay alguna prueba en contra de este pensamiento?

_____

_____

_____

¿He basado mi pensamiento en algún sentimiento o hecho?

¿Se ha escrito este pensamiento en blanco y negro cuando su realidad es mucho más complicada?

¿Estoy haciendo alguna suposición? ¿He interpretado mal alguna prueba?

¿Podrían otras personas interpretar la situación de forma diferente? ¿Cuáles son esas interpretaciones?

_____

_____

_____

¿He mirado todas las pruebas o sólo las que apoyan mi pensamiento?

_____

_____

_____

¿Es posible que mi pensamiento sea sólo una exageración de las cosas verdaderas?

_____

_____

_____

¿Tengo este pensamiento por costumbre o hay algún hecho que lo apoye?

_____

_____

_____

¿Otra persona me ha transmitido este pensamiento? Si lo hicieron, ¿son una fuente de verdad?

¿Es probable este pensamiento o me he puesto en el peor de los casos?

—————◆—————

Errores de pensamiento

A veces se les llama distorsiones cognitivas. Son creencias irracionales que contribuyen a comportamientos no deseados y emociones incómodas. La siguiente es una buena introducción a los errores de pensamiento. Utiliza muchos ejemplos y un lenguaje fácil de entender. Describe nueve errores comunes.

Ignorar lo positivo

Prestas atención a todo lo malo que ocurre. Ni siquiera te das cuenta cuando ocurre algo bueno. Fíjate en estos ejemplos:

Te equivocas en una respuesta de un examen y esto es lo único en lo que puedes pensar durante el resto del día.

Metes dos goles y el gol de la victoria para tu equipo, pero sólo piensas en los tiros que has fallado.

Volar las cosas por los aires

Le das mucha importancia a las cosas pequeñas. Haces que las cosas que son sólo un poco malas parezcan la cosa más horrible del mundo. Mira estos ejemplos:

Manchas tu camisa nueva y automáticamente piensas que se ha estropeado y que no podrás volver a ponértela.

No puedes ir al cine con tus amigos y piensas que tienes una vida horrible.

Adivinar la suerte

Crees que sabes lo que va a pasar después y que va a ser malo. Mira estos ejemplos:

"Sé que si le pido ir al baile, me dirán que no".

"Nadie vendrá a mi fiesta de cumpleaños".

Lectura de la mente

Crees que sabes lo que piensan los demás o por qué han hecho lo que han hecho sin tener toda la información. Mira estos ejemplos:

"La gente me mira fijamente. Piensan que mi nuevo corte de pelo es feo".

"No me han invitado a la fiesta de Sandra. Probablemente piense que soy raro".

Etiquetado negativo

Esto es cuando crees cosas negativas sobre ti mismo y esto se aplica a todos los aspectos de tu vida. Mira estos ejemplos:

"Mi arte apesta, así que eso me convierte
en un perdedor".

"Soy tan estúpido. Siempre digo las cosas
más estúpidas".

Poner el listón demasiado alto

Crees que tienes que ser perfecto en cualquier cosa que hagas si no lo haces, no eres bueno. Mira estos ejemplos:

"Tengo que sacar un 10 en todos los exámenes o no
soy inteligente".

"Tengo que ganar todos mis partidos de tenis, si no,
no valgo nada".

Autoinculpación

Te culpas de todas las cosas que van mal en tu vida, aunque no hayas hecho nada. Mira estos ejemplos:

El equipo de baloncesto de tu colegio ha perdido un partido y crees que es culpa tuya.

"Susan está triste hoy. Debo haber hecho algo que la molestó".

Los sentimientos como hechos

Esto ocurre cuando crees que cuando sientes algo, tiene que ser verdad. Mira estos ejemplos:

"Hoy me siento feo, así que debo ser feo".

"Siento que estoy siendo un mal amigo, así que tengo que ser un mal amigo".

Afirmaciones sobre el deber

Crees que las cosas tienen que ser de una manera específica o están mal. Mira estos ejemplos:

"La gente tiene que ser siempre amable conmigo".

"Tengo que estar siempre feliz. Nunca puedo estar triste".

Capítulo 6

Problemas de sueño

El insomnio a menudo es un trastorno del sueño que dificulta conciliar el sueño, permanecer dormido o hacer que uno se despierte temprano y no pueda volver a dormirse. La TCC orientada a las personas con insomnio suele llamarse TCC-I, y es una gran forma de tratamiento para las personas que tienen problemas crónicos de sueño. Se utiliza más comúnmente como el primer paso en el tratamiento del insomnio.

La TCC para el insomnio le ayuda a descubrir qué comportamientos y pensamientos están causando sus problemas de sueño y luego le ayuda a reemplazarlos para promover un sueño profundo. A diferencia del uso de pastillas para dormir, la TCC-I le ayuda a enfrentarse a lo que le hace perder el sueño.

Dependiendo de lo que necesites, puedes utilizar algunas de estas técnicas.

1. Terapia de control de estímulos

Esto te ayudará a deshacerte de las cosas que están condicionando tu mente para querer evitar el sueño. Por ejemplo, debes establecer una hora fija para acostarte y levantarte y pasar de hacer siestas a dormir sólo en tu cama, e irte a otro lugar de tu casa si te cuesta más de 20 minutos conciliar el sueño, volviendo sólo cuando sientas que puedes dormir.

2. Restricción del sueño

Acostarse en la cama cuando no se tiene sueño puede crear malos hábitos que provocan un sueño deficiente. Esto contribuye a reducir la cantidad de tiempo que estás en la cama y terminará creando la privación del sueño, que va a hacer que usted más cansado la noche siguiente. Una vez que estés experimentando un mejor sueño, aumentarás poco a poco el tiempo que pasas en la cama.

3. Higiene del sueño

Este método requerirá que hagas algunos cambios en tu vida que influyen en tu sueño, como tomar cafeína cerca de la cama o fumar, beber alcohol o no hacer ejercicio. Esto te ayudará a relajarte un par de horas antes de acostarte.

4. Mejora del entorno del sueño

Esto te ayudará a crear un entorno de sueño confortable. Esto incluye asegurarse de que tu dormitorio esté fresco, tranquilo, oscuro y sin televisión. También ayuda a mantener el reloj fuera de la vista.

5. Entrenamiento de relajación

Esto ayudará a relajar y calmar el cuerpo y la mente. Las diferentes técnicas de relajación incluyen la relajación muscular, la imaginería y la meditación.

6. Permanecer pasivamente despierto

Otro nombre para esto es una intención paradójica y significa que no intentas obligarte a dormir. Preocuparse por no poder conciliar el sueño te mantendrá despierto. Liberar esa preocupación te ayudará a relajarte para que te duermas.

7. Biofeedback

Esto te dará una visión de los signos biológicos como la tensión muscular y el ritmo cardíaco, y los maestros, tienes que ajustarlos. Este método en particular requiere un dispositivo de biorretroalimentación que un terapeuta le daría y que registra sus patrones diarios. Esto mostrará los patrones que afectan a su sueño.

La mayoría de las veces, muchos de estos métodos se combinarán para crear una herramienta eficaz para los problemas del sueño.

La TCC es una opción mucho más segura y beneficiosa que las pastillas. Los medicamentos para el sueño suelen ser un tratamiento a corto plazo. Pueden ayudar a proporcionar un alivio inmediato durante los períodos de duelo o de mucho estrés. Algunos medicamentos pueden utilizarse durante períodos más largos, pero aún así no son una gran opción para el tratamiento del insomnio a largo plazo.

La TCC, por otro lado, es una gran opción cuando se está luchando contra los problemas de sueño a largo plazo si los medicamentos causan efectos secundarios o no son eficaces, o si te preocupa la adicción. A diferencia de las pastillas, la TCC busca tratar los problemas subyacentes en lugar de enmascarar los síntomas. Se necesitará tiempo y esfuerzo para que funcione.

Para ayudarte a controlar tus problemas de sueño, vamos a repasar algunas técnicas de TCC que puedes probar. Recuerda que debes utilizar un par de ellas y encontrar la que mejor te funcione.

Higiene básica del sueño

A pesar de que esto puede no parecer una técnica, es una de las cosas más importantes que la gente debería hacer. Nuestra fisiología y psicología nocturnas son un reflejo de la forma en que actuamos durante el día. Es importante que hagas lo siguiente cada día y antes de acostarte.

- Consigue un poco de luz natural - Un estudio descubrió que aquellos que estaban expuestos a la luz natural durante las horas de la mañana dormían mejor que los que no recibían ningún sol matutino.

- Haz ejercicio, temprano - Dedicar tiempo a mover el cuerpo ayuda a conciliar el sueño. Hacer ejercicio con regularidad cada día puede prepararte para una buena noche de sueño. También ayudará a tu cuerpo a producir la hormona melatonina, que favorece el sueño. Asegúrate de no hacer ejercicios intensos por la noche, ya que esto puede elevar la adrenalina durante horas, lo que puede alejar el sueño.

- Apaga las pantallas - Demasiado tiempo de pantalla puede perjudicar tu producción de melatonina. La luz de la pantalla hace que tu cerebro sienta que es de día, así que apagar las pantallas al menos una hora antes de acostarte puede ayudarte a conciliar el sueño.

- No duermas hasta tarde los fines de semana - Puede que tengas una deuda de sueño, pero no deberías intentar compensarla los fines de semana.

- Deja el alcohol - El alcohol puede ayudarte a dormir, pero normalmente perjudica la calidad del sueño y hará que te despiertes más tarde en la noche.

- Limita los estimulantes antes de acostarte - Limita la cantidad de azúcar, cafeína u otros estimulantes unas horas antes de acostarte.

- Mantén una habitación oscura - Cuanto más oscura sea tu habitación, mejor.

- Relájate - Piensa en una rutina para relajarte antes de acostarte. Puedes darte un baño caliente, meditar o leer. También puedes probar a ponerte calcetines. Aunque no es sexy, puede ayudar a conciliar el sueño.

Modificación de las asociaciones automáticas

Algo que tienen en común los insomnes es que duermen mejor fuera de su dormitorio. Al cerebro le encanta trabajar con patrones. Crea asociaciones. Seguro que alguna vez has paseado por la tienda y has visto un producto y al instante has empezado a cantar el jingle en tu cabeza. Desde las adicciones hasta las fobias, el mecanismo de nuestro cerebro para crear asociaciones es constante.

Sin embargo, puedes utilizarlo en tu beneficio. Lo primero que tienes que hacer es reorganizar tu habitación. Modifica la distribución de tu habitación, asegurándote de que tu cama está en una nueva posición. De este modo, te librarás de la asociación que tenías con tu habitación con su disposición anterior.

Luego, cuando llegue el momento de irse a la cama, practicarás esta técnica de relajación. Esto es importante porque necesitas crear una asociación tranquila con tu dormitorio. No puedes pensar en intentar dormirte.

Cuando llegue la hora de acostarse, después de haber hecho todo lo que debe hacer antes de acostarse, se meterá en la cama y probará esta relajación muscular progresiva. Se trata de tensar y relajar los músculos para que puedas ver la diferencia entre estar tenso y relajado, y para ayudar a calmar la mente y el cuerpo para dormir.

Empieza cerrando las manos en puños. Observa las sensaciones de la piel. Mantén esta postura durante un rato y observa cualquier molestia que puedas tener. Cuando empieces a sentirte incómodo, suelta el puño. Observa cómo se relajan tus manos.

A continuación, flexiona los pies. Lleva la parte superior de los pies hacia atrás con los dedos apretados. Cuando los pies empiecen a sentirse incómodos, suelta los músculos y nota las sensaciones. Continúa haciendo esto con el resto del cuerpo. Después de los pies, sugiero tensar y relajar en este orden:

- La parte inferior de las piernas: hazlo flexionando el pie hacia abajo hasta que sientas que los músculos de las pantorrillas se tensan

- Muslos y glúteos

- Estómago

- Brazos

- Cuello

- Cara

Una vez que hayas tensado y relajado todo tu cuerpo, deberías estar lo suficientemente relajado como para dormirte. Sin embargo, recuerda que el objetivo de esto es cambiar la asociación que tienes con tu habitación. El objetivo de la técnica de relajación es que te sientas tranquilo con la nueva disposición de tu habitación.

Sueño paradójico

Para esta técnica, asegúrate de hacerlo un viernes o un sábado, o al menos una noche en la que no tengas nada que hacer al día siguiente. Verás por qué en un minuto.

El sueño es una trampa. Mientras más necesites dormir, más despierto te vas a sentir. Cuanto más lo intentes, más difícil te resultará. La gente suele ser más propensa a quedarse dormida cuando intenta mantenerse despierta. Hay que dejar que el sueño ocurra. No puedes hacer que una persona se enamore. Hay que dejar que ocurra. El sueño es lo mismo.

Selecciona una noche en la que no tengas nada planeado para el día siguiente. Esa noche, intenta permanecer despierto todo lo que puedas. Hagas lo que hagas, no te vayas a dormir hasta que hayas anotado algunos de los pensamientos que pasan por tu mente. Apunta los principales que se te pasen por la cabeza mientras estás tumbado, e intenta permanecer despierto todo el tiempo que puedas para poder comparar qué pensamientos se te pasan por la cabeza a primera hora de la mañana.

Lo importante es no hacer nada más para mantenerte despierto. Simplemente túmbate con tu diario y tus pensamientos e intenta mantenerte despierto.

Capítulo 7

Duelo

El duelo es duro para todos. El duelo es una intensa reacción física y emocional que una persona experimenta tras sufrir la pérdida de un ser querido. El duelo no sólo se caracteriza por una profunda tristeza, sino que suele haber un intenso anhelo de volver a estar con ellos. El fallecimiento de un ser querido se considera uno de los factores de estrés más fuertes de la vida, y a menudo genera angustia en todas las personas relacionadas con el fallecido. Quienes sufren el duelo tienen un mayor riesgo de padecer graves problemas de salud mental, como el abuso de sustancias y la depresión, así como un mayor riesgo de suicidio. Si bien el duelo se considera normal y la mayoría de las personas se adaptan con el tiempo a su pérdida, el duelo, sin embargo, sigue siendo extremadamente doloroso mientras se produce esta adaptación.

Aunque todos tenemos que superar nuestro duelo, la TCC puede ayudar a guiarnos en ese proceso. Puede proporcionarte formas de aumentar tu sensación de control. La TCC se centrará en las acciones y pensamientos que está experimentando y no se centrará en la muerte en sí. También puede ayudarte a construir una nueva vida sin el fallecido.

No existen dos personas que experimenten la muerte de un ser querido de la misma manera. La forma en que una persona exprese su dolor va a depender de varios factores, como su personalidad, las circunstancias de la muerte y su visión del mundo. Lo más difícil para las personas que atraviesan el duelo es "no saber" qué esperar, especialmente después de los primeros meses. Se cuestionarán si su experiencia es normal y se preguntarán si se están volviendo locos.

El control, la pérdida y el cambio son las tres partes principales del duelo. Cuando una persona muere, nos centramos en quién ha muerto, pero hay muchas otras cosas que acompañan a la muerte. Saber qué se ha perdido además de la persona puede ayudar a afrontar el proceso de duelo. El cambio es inevitable, y la cantidad de cambios que experimenta se correlaciona con el grado de coincidencia de su vida con la de su ser querido. Debes aprender a vivir tu vida sin ellos. Por último, el control también afecta a la forma de afrontar el duelo. Con la muerte, no tienes control sobre las circunstancias. Esto puede hacer que te sientas abrumado e inseguro sobre lo que debes hacer.

A continuación se presentan algunas técnicas que te ayudarán a superar el duelo.

Tareas relacionadas con el luto

Tras una muerte, los supervivientes tienen que enfrentarse al dolor del duelo sin su ser querido. El duelo es el proceso por el que hay que pasar para adaptarse a la pérdida. Este proceso requerirá que trabajes a través de cuatro tareas. Recuerda que adaptarse no significa olvidar. Aprendes a encontrar la manera de apreciar los recuerdos de tus seres queridos mientras sigues avanzando en tu vida. Aprendes a vivir sin ellos mientras los llevas en tu corazón.

1. Aceptar la realidad

Después de experimentar la muerte, es común que minimices o niegues la realidad de la situación. Para completar esta tarea, tienes que aceptar plenamente la realidad de la pérdida, emocional e intelectualmente.

2. Procesar el dolor del duelo

El duelo puede implicar sentimientos de culpa, ira y tristeza. Puede resultar tentador intentar ignorar estos sentimientos o enterrarlos en lugar de afrontarlos. Sin embargo, para trabajar el duelo, hay que afrontar, nombrar y dar sentido a esas emociones.

3. Adaptarse a tu nuevo mundo

Cuando muere un ser querido se producen muchos cambios. Pueden ser desde pequeños cambios en la rutina diaria hasta algo más grande, como una visión del mundo completamente nueva. Esta tercera tarea consiste en superar estos cambios y adaptarse a tu mundo sin el ser querido.

Internos - Son los ajustes a los cambios de su identidad. Los supervivientes pueden tener que responder a preguntas como "¿quién soy ahora?". También podría experimentar cambios en su autoestima.

Externas - Son ajustes que incluyen la asunción de nuevos roles y el desarrollo de nuevas habilidades. Los supervivientes pueden encontrarse con que tienen que asumir nuevas tareas de las que siempre se ocupaban sus seres queridos.

Espirituales - Son ajustes que incluyen cambios en las suposiciones, creencias y valores sobre el mundo. Por ejemplo, creer que el mundo es justo podría cambiar cuando se experimenta una pérdida. El superviviente podría optar por sustituir, reafirmar o modificar su anterior visión del mundo.

4. **Encontrar una forma de recordar al fallecido y seguir adelante**

Seguir adelante no significa que haya que olvidar. Significa que tienes que encontrar un lugar para el fallecido en tus pensamientos. Tienes que tener un lugar para ellos que sea importante pero que deje espacio para otras personas. Terminar con esto significa que has encontrado un equilibrio saludable entre apreciar su recuerdo y seguir adelante.

Carta de despedida

Este es un ejercicio de escritura que puede ayudarte a procesar tu duelo. Con él, estarás describiendo por quién estás sufriendo, los recuerdos especiales que tienes con esa persona y las lecciones que aprendiste de tu relación con ella. El objetivo de esta hoja de trabajo es ayudar a construir un significado positivo asociado a su pérdida y ayudarle a empezar a moverse hacia el cierre.

No es necesario ni tienes que dar esta carta a nadie. Una vez que la hayas rellenado, puedes guardarla para ti.

Para esta hoja de trabajo, todo lo que tienes que hacer es rellenar los espacios en blanco. El apartado "para" debe rellenarse como la persona que ha fallecido.

Para:

_____

_____

Me despido porque...

_____

_____

_____

Decir adiós me hace sentir...

_____

_____

_____

Recuerdo una época en la que...

_____

_____

_____

Me enseñaste a...

_____

_____

_____

Algo que quiero saber es...

_____

_____

Siempre recordaré...

_____

_____

De:

_____

_____

Mis etapas de duelo

A todo el mundo se le ha enseñado que el duelo pasa por etapas: negación, ira, negociación, depresión y aceptación. Se trata de las cinco etapas del duelo de Kubler-Ross. Esta hoja de trabajo te ayuda a explorar cómo te han afectado las diferentes etapas del duelo. También puede ayudarle a explorar por qué puede estar atascado en una de estas etapas del duelo.

Recuerda que el modelo de Kubler-Ross ya no está respaldado por la ciencia como predictor o modelo válido de duelo. No todo el mundo experimenta todas las etapas, y las etapas no tienen que ocurrir en un orden específico. Imagina que estas etapas son una representación imprecisa de lo que una persona puede experimentar al pasar por el duelo. Sin embargo, las personas tienden a identificarse con estas etapas, lo que puede ser una valiosa herramienta de introspección y autocomprensión.

Bajo cada etapa, describe cómo te ha afectado esa etapa del duelo.

Negación - Esta etapa se caracteriza por pensar cosas como: "Esto no puede estar pasando". Aquí es donde te cuesta aceptar el hecho de que se ha producido una pérdida. Intentas minimizar o negar lo que ha sucedido.

Ira - Esta etapa se caracteriza por pensar cosas como: "¿Por qué me está pasando esto a mí?". Una vez que la persona se ha dado cuenta de que ha ocurrido una pérdida, puede acabar enfadándose consigo misma o con los demás. A menudo argumentan que esto es injusto o echan la culpa.

_____

_____

_____

_____

Negociación - Esta etapa se caracteriza por pensar cosas como: "Haré cualquier cosa para cambiar esto". Es cuando empiezas a intentar retrasar o cambiar su pérdida.

_____

_____

_____

_____

Depresión - Esta etapa se caracteriza por pensar cosas como: "¿Qué sentido tiene seguir después de esto?". Este es el comienzo de la aceptación, pero no han aceptado completamente la idea de la pérdida. Podrías intentar aislarte y pasar mucho tiempo lamentándote y llorando. La depresión es un precursor común de la aceptación porque has empezado a reconocer la pérdida.

_____

_____

_____

_____

Aceptación - Esta etapa se caracteriza por pensar cosas como: "Todo va a estar bien". Finalmente, llegarás a aceptar realmente tu pérdida. Entiendes la situación de manera lógica y has llegado a aceptar emocionalmente lo que ha sucedido.

_____

_____

_____

_____

Capítulo 8

Baja autoestima

La baja autoestima puede desempeñar un papel muy importante tanto en la depresión como en la ansiedad. Cuando no creemos en nuestras capacidades, no nos arriesgamos o no hacemos nuestras tareas lo mejor posible. Resulta difícil reunir la energía y el valor necesarios para dar lo mejor de uno mismo cuando ya se ha convencido de que no tiene lo necesario para hacerlo. Este tipo de patrón de comportamiento puede dar lugar a un bajo rendimiento y, por ello, nuestra confianza en nosotros mismos no se ve reforzada. Este horrible ciclo continúa en espiral fuera de control.

La TCC sobre la baja autoestima implica una combinación de cambio de los patrones de comportamiento que no son eficaces y la alteración de los patrones disfuncionales de pensamiento. Cuando cambiamos los principales componentes de nuestra baja autoestima, los comportamientos ineficaces y los pensamientos que nos destrozan, podemos cortocircuitar este ciclo de baja autoestima. Aprender a actuar y pensar más como alguien que tiene mucha confianza está a nuestro alcance.

La TCC para la baja autoestima puede incluir lo siguiente:

- **Terapia de resolución de problemas**

Esto puede ayudar a las personas a tomar un papel activo en sus vidas para resolver proactivamente sus problemas en lugar de sentirse como una víctima o simplemente permitir que la actitud inútil permanezca. Resolver los problemas podría adoptar la forma de buscar activamente los factores que podrían dar lugar a malos resultados y luego ocuparse de ellos.

- **Mindfulness**

Se trata de una habilidad diseñada para cualquier persona que quiera entrar en contacto con el momento presente sin dejarse atrapar por sus preocupaciones y pensamientos. El mindfulness puede ayudarte a no ser tan duro contigo mismo y a reducir el juego de adivinanzas cuando te enfrentas a una situación difícil, lo que puede mejorar tu autoestima.

- **Exposición sistemática**

Esto se basa en la teoría de que evitar las situaciones que nos asustan nos impide descubrir si son tan malas como pensábamos. Al exponernos a las situaciones que queremos evitar, aprendemos que no son tan malas como pensábamos, y nuestra ansiedad desaparece. Normalmente, la exposición a la baja autoestima incluye la planificación de actividades en las que no tenemos confianza, como el uso de técnicas de afrontamiento, la repetición de cosas y la intervención en reuniones.

¿Qué son las creencias fundamentales?

Las creencias fundamentales son lo que las personas creen sobre sí mismas, el mundo y los demás. Dichas creencias actúan como una lente a través de la cual se evalúan todas las experiencias y situaciones de la vida. Al utilizar la TCC, se cree que estas creencias centrales son la causa de nuestros pensamientos automáticos.

Este ejercicio le dará definiciones simples de las creencias centrales, junto con algunos ejemplos que muestran las formas en que pueden cambiar los sentimientos, comportamientos y pensamientos. En este ejercicio encontrarás una lista de algunas creencias básicas comunes, las consecuencias de estas creencias y alguna otra información.

Si una creencia básica no es exacta, puede seguir moldeando la visión del mundo de una persona. Las creencias básicas perjudiciales pueden conducir a comportamientos, sentimientos y pensamientos negativos, en comparación con las creencias básicas racionales que pueden provocar reacciones equilibradas.

Fíjate en esta situación:

Dos estudiantes de la misma clase obtienen una mala nota en un examen.

El primero piensa automáticamente que es un fracaso. Reaccionan sintiéndose deprimidos, pensando: "He suspendido, así que para qué molestarse", y no hacen ningún cambio.

El segundo alumno piensa automáticamente que es capaz de dar lo mejor de sí mismo. Reaccionan con un sentimiento de decepción, y piensan que lo hicieron mal ya que no se prepararon para el examen, y hacen planes para estudiar antes de hacer el siguiente examen.

Creencias básicas comunes que son perjudiciales

Normalmente, nuestras creencias básicas están ocultas bajo nuestras otras creencias. Si tienes una creencia central de que "no le caigo bien a nadie", puede subyacer a otras creencias de "mis amigos sólo pasan tiempo conmigo porque les doy pena".

- Desamparados
    - "Estoy atrapado"
    - "Soy un perdedor"
    - "Soy débil"

- Peligro externo
    - "Nunca nada sale bien":
    - "No se puede confiar en la gente"
    - "El mundo es peligroso"

- Inútil
    - "No valgo nada"
    - "No merezco vivir"
    - "Soy malo"

- No amado
    - "No le gusto a nadie"
    - "Voy a terminar solo"
    - "No soy digno de ser amado"

Consecuencias de estas creencias fundamentales

- **Problemas de salud mental**
    - Baja autoestima
    - Problemas para manejar el estrés
    - Abuso de sustancias
    - Ansiedad
    - Depresión

- **Problemas interpersonales**
    - Poner las necesidades de los demás por encima de las suyas

- o Agresivo

- o Confrontación

- o Extremadamente celoso

- o Sentirse inadecuado cuando está en una relación

- o Problemas para confiar en otras personas

Datos de las creencias básicas

- Las creencias básicas existen desde hace mucho tiempo. Son muy rígidas, pero se pueden cambiar.

- Las creencias centrales negativas no son verdaderas aunque se sientan como tales.

- Cualquier información que contradiga estas creencias centrales siempre se ignora

- Las creencias básicas se desarrollan durante la infancia o durante momentos traumáticos o estresantes durante la adolescencia.

- Las personas nunca nacen con creencias básicas. Se aprenden.

Vista a las creencias básicas: las pruebas

Cuando se cuestionan las pruebas que subyacen a una creencia básica, ésta puede cambiarse. Esto podría ser un poco difícil, ya que todas las pruebas no se tratarán por igual. Cualquier información que apoye las creencias básicas puede integrarse fácilmente, lo que hace que la creencia sea mucho más fuerte. La información que no apoye sus creencias será ignorada.

Este ejercicio te ayudará a buscar pruebas que estén tanto en contra como a favor de tus creencias básicas, incluidas algunas pruebas que ya hayas rechazado. La primera parte le enseñará el modelo de procesamiento de la información dándole algunos ejemplos. También encontrarás espacios en los que podrás examinar y cuestionar tus creencias.

Es necesario que tengas una comprensión básica de las creencias básicas y que conozcas al menos una de tus creencias básicas antes de hacer este ejercicio. La sección anterior debería ayudarte a hacerlo.

A medida que tengas nuevas experiencias, tus creencias básicas pueden cambiar lentamente, pero algunas experiencias pueden tener un mayor impacto que otras. Toda la información que apoye tus creencias básicas puede integrarse fácilmente, y esto hará que la creencia sea más fuerte. La información que no apoye la creencia será ignorada.

Sobre un papel, tendrás que escribir en la parte superior una creencia central como "No le gusto a nadie".

Ahora, debajo de ella, harás tres columnas. En la columna de la izquierda, vas a escribir cualquier información que apoye tu creencia central que has aceptado. Harás un encabezado que diga: "Información que apoya mi creencia central". Debajo de eso, pondrás "Información aceptada que he añadido a mi creencia central" Podrías escribir cosas como:

"Mi jefe me dio un comentario negativo en el trabajo"

"La cajera del supermercado no fue amable"

"Mi amiga no contestó al teléfono cuando la llamé"

En la siguiente columna, harás un encabezado que diga:

"Información que no apoya mi creencia central". Bajo ese epígrafe harás una lista de "información modificada" e "información rechazada".

En la columna de información modificada escribirás cosas como:

"Mi amiga me hizo un regalo de cumpleaños... pero sólo porque yo le regalé uno en su cumpleaños".

"Estoy muy unido a mis padres... pero son mis padres, así que no cuentan".

"Me pidieron una cita... pero debió ser porque les doy pena".

En la columna de rechazados escribirás cosas como:

"Mi amigo llamó para comprobar que estaba enfermo".

"Los clientes de mi trabajo siempre parecen contentos de hablar conmigo".

"Me invitaron a la fiesta de cumpleaños de un compañero de trabajo".

Capítulo 9

Ira

El manejo de la ira puede ayudarte a controlar el enfado de diferentes maneras. Podrías aprender algunas técnicas con base científica que pueden evitar que te enfades. Puede reducir la duración y la intensidad de sus enfados cuando se produzcan. La TCC puede ayudarte a actuar mejor cuando te enfades. En lugar de empeorar la situación, puedes aprender a cambiar tu forma de pensar, tus comportamientos y tus sentimientos utilizando algo de TCC.

Cómo saber si necesitas controlar la ira

Los problemas de ira pueden ser físicamente perjudiciales y muy costosos. Si tú o alguien que conoces tiene un problema de ira, debes conseguir las herramientas de gestión adecuadas. Cuando la ira es extremadamente intensa, dura mucho tiempo y a menudo puede destrozar vidas.

Incluso un solo episodio de ira puede ponerle en riesgo de sufrir ataques al corazón o derrames cerebrales. Con el tiempo, la ira parece estar asociada a otros tipos de problemas de salud, como los tejidos grasos, el cáncer y los problemas gastrointestinales. La ira también puede predecir la muerte, al igual que la presión arterial y el colesterol.

La ira se ha asociado a problemas interpersonales y a la toma de malas decisiones. Es común que las personas que tienen problemas de ira tengan problemas con las relaciones, los compañeros de trabajo, los amigos y la familia.

Los problemas de ira pueden causar actos impulsivos, problemas en las relaciones, y tomar malas decisiones que pueden causar problemas peores en el trabajo. La mayoría de los trabajos se pierden o los caminos se bloquean si los problemas de ira no se tratan.

Estas son algunas preguntas que puedes hacerte si crees que tú o alguien que conoces puede tener un problema de ira:

1. ¿Algún sentimiento o pensamiento de enfado te ha dificultado concentrarte?

2. ¿Has tomado alguna vez una mala decisión cuando estabas enfadado que luego has visto que se podía haber evitado?

3. ¿Tu reputación o tu trabajo se han visto afectados por tus problemas de ira?

4. ¿Has dañado o perdido una relación a causa de tu ira?

5. ¿Has llegado a las manos debido a tu ira? ¿Has dañado la propiedad, has herido a otra persona o a ti mismo? ¿Has golpeado alguna vez una pared, roto un ordenador o lanzado un teléfono móvil?

6. ¿Tienes problemas para calmarte después de enfadarte?

7. ¿Tu enfado es tan intenso que experimentas problemas fisiológicos como sudoración, palpitaciones o exceso de energía en los brazos que te dificultan hacer cualquier cosa hasta que te calmas?

La mayoría de las personas que tienen problemas de ira responderán "sí" a la mayoría de estas preguntas, pero si el deterioro es demasiado extremo, incluso con sólo una de estas cosas, el control de la ira podría ser útil cuando se realiza mediante la TCC.

Puesto que la TCC se centra en el papel que desempeñan las cogniciones en la influencia o la causa de las emociones, también puede ayudar con los problemas de comportamiento. La TCC puede ayudar a las personas que tienen problemas con la ira porque puede ayudarles a encontrar las distorsiones cognitivas y ayudarle a averiguar si son correctas o no. Una persona enfadada puede intensificar la gravedad de una ofensa exagerándola. La TCC les ayuda a ver si la ofensa fue correcta y precisa. Si no lo fue, puede reducir la intensidad de la ira.

Ciclo de la ira

Puedes mostrarle a tu hijo adolescente que su ira se desencadena y la facilidad con la que puede escalar utilizando este ejercicio que aparece a continuación. Este ejercicio utiliza la TCC para explicar la forma en que la ira crece a partir de pensamientos irracionales que conducen a ciclos que le cuesta romper.

Esto muestra que la ira comienza con un desencadenante que conducirá a respuestas conductuales negativas, síntomas físicos, emociones y pensamientos. Puedes utilizar esta herramienta junto con la terapia de grupo u otras formas de TCC para ayudar a tu hijo adolescente a manejar su ira.

Un ciclo de ira será algo así

Evento desencadenante

Se trata de una situación o acontecimiento que "desencadena" su ira. He aquí algunos ejemplos:

- Te sientes irrespetado
- Has tenido un mal día
- Te cortan el paso mientras conduces

Pensamientos negativos

Estos son tus pensamientos negativos o irracionales que ocurren a causa del evento. Mira estos ejemplos:

- "A ese imbécil que me cortó el paso no le importa nadie más que él mismo"
- "Soy el peor padre de la historia"

Respuestas emocionales

Estos son tus pensamientos negativos que te llevan a tus emociones negativas, incluso si tus pensamientos eran irracionales. Mira estos ejemplos:

- Tu rabia se dirigió a un mal conductor
- Tienes sentimientos de culpa y vergüenza porque crees que eres un mal padre

Síntomas físicos

Así es como tu cuerpo responde a la ira. Aquí hay algunos ejemplos:

- Temblores
- Sudoración
- Puños cerrados
- Corazón acelerado

Respuesta conductual

Es la forma en que reaccionas en base a tus síntomas físicos, sentimientos y pensamientos. Mira estos ejemplos:

- Criticar

- Discutir

- Gritar

- Pelear

Diario de la ira

Antes de que puedas controlar tu ira o ayudar a tu hijo adolescente a controlar la suya, tienes que crear la capacidad de ver tu temperamento o el suyo antes de que alcance un nivel explosivo. Un método eficaz y habitual para mejorar tu conciencia emocional es anotar los acontecimientos relevantes en un diario de la ira. Puede ser una tarea difícil, pero puede ayudarte enormemente.

Actúa casi como un diario de pensamientos de TCC. Tendrás que hacer que tu hijo adolescente escriba lo que desencadenó su ira, cualquier señal que haya visto y que pueda haberle puesto sobre aviso, la forma en que respondió y lo que sucedió.

La ira tiene una forma de sorprenderte y tomar el control de tus acciones y pensamientos antes de que te des cuenta de lo que ha pasado. Con este ejercicio, podrás atrapar tu ira antes de que tome el control. Llevar un diario de la ira puede ayudarte a alcanzar este objetivo.

Puedes hacerlo al final del día o después de que tu ira haya pasado durante unas horas. Tómate un tiempo para reflexionar sobre la situación en la que te has enfadado o incluso si te has frustrado. Toma algunas notas sobre el suceso y escríbelas detenidamente cuando tengas tiempo. Cuando hayas anotado cinco sucesos, haz una revisión.

Desencadenante: "Mi marido ha dejado barro por toda la alfombra y no se ha dado cuenta. Acababa de pasar la fregona unas horas antes, así que me enfadé".

Señales de alarma: "Antes de enfadarme de verdad, noté que me temblaban las manos y estaba discutiendo. Luego, a medida que me enfadaba más, sentía la cara muy caliente".

Respuesta a la ira: "Le grité a mi marido. Quería lanzar algo, pero no lo hice. No podía dejar de pensar en lo egoísta que es".

Resultado: "Mi marido acabó enfadándose también y discutimos durante horas. Fue miserable. Me fui a la cama sintiéndome triste y culpable".

Después de haber hecho cinco de estas cosas, haz el siguiente repaso:

1. ¿Notaste algún patrón relacionado con tu ira?

_____

_____

_____

_____

2. ¿Cómo reaccionarías de forma diferente si tuvieras la oportunidad?

_____

_____

_____

_____

Capítulo 10

TOC

L a TCC puede utilizarse como tratamiento para el TOC que utiliza dos técnicas para ayudar a cambiar los pensamientos y comportamientos de una persona. La TCC la lleva a cabo un terapeuta que ha recibido formación específica para tratar el TOC.

La mayor parte de los tratamientos se realizan en la consulta del terapeuta, normalmente una vez a la semana. El terapeuta dará al paciente algunos ejercicios para hacer entre sus sesiones. Si tienes un TOC muy grave, puede que necesites ver a tu terapeuta más de una vez a la semana. No todos los profesionales de la salud mental han sido formados en EPR. Por eso es muy importante que encuentres uno que lo haya hecho.

Para saber si has encontrado un buen terapeuta, es importante que te anime a realizar algunos ejercicios de exposición en su consulta. Esto te ayudará a realizar otras exposiciones mientras estás en el mundo real. Hacer estos ejercicios mientras estás en la oficina del terapeuta no es tan efectivo como hacerlos fuera de su oficina. El objetivo principal de este tipo de terapia es exponerse al mundo real, donde podrás resistir cualquier compulsión y donde podrás abrazar la incertidumbre en lugar de temerla.

- **Terapia de exposición**

La primera opción de la mayoría de los psicólogos para tratar el TOC suele ser la TEP o exposición y prevención de la respuesta. Durante este tipo de terapia de TCC, el paciente con TOC se pondrá en una situación en la que se expondrá lentamente a lo que le obsesiona y luego se le pedirá que no realice esta compulsión que normalmente alivia su angustia y ansiedad. Esto puede hacerse a tu propio ritmo. El terapeuta nunca debe obligarte a hacer algo con lo que no te sientas cómodo.

- **Terapia imaginaria**

Para las personas que pueden resistirse un poco a enfrentarse a situaciones del mundo real, la EI podría ser una buena forma de calmar la ansiedad para ayudarle a pasar a la ERP. La EI también se conoce como visualización. Tu terapeuta creará escenarios que imiten la ansiedad que puedas estar experimentando. Si tienes miedo de caminar por un pasillo, tu terapeuta puede hacerte imaginar que estás caminando por un pasillo estrecho y luego anotar tu nivel de ansiedad.

- **Entrenamiento para invertir el hábito**

Este tipo de terapia incluirá técnicas de relajación, refuerzo positivo, apoyo social, introducción de algunas respuestas competitivas y entrenamiento de la conciencia. Por ejemplo, el entrenamiento de la conciencia puede consistir en realizar un hábito específico frente a un espejo, centrándose en músculos o sensaciones específicas del cuerpo mientras se realiza un comportamiento concreto. A continuación, identificarás y registrarás cuándo se produce este hábito. Esto puede aumentar tu conciencia sobre cómo y cuándo se desarrollan los impulsos. De este modo, tendrás más posibilidades de intervenir y hacer cambios.

- **Terapia cognitiva**

Cuando se utiliza para tratar el TOC, esta terapia podría ayudarte a saber que tu cerebro está enviando mensajes de error. Un terapeuta podría ayudarte a aprender a reconocerlos y, a continuación, a responder de forma que pueda ayudarle a controlar sus compulsiones y obsesiones. Esta clase de terapia se centra en los significados que atribuimos a experiencias específicas que hemos malinterpretado anteriormente.

Cómo desafiar los pensamientos ansiosos

Este ejercicio te enseñará el concepto de pensamientos racionales e irracionales y cómo se relacionan con tu ansiedad. La psicoeducación tiene varios ejemplos y muchas oportunidades para que escribas sobre tus experiencias.

Como los pensamientos irracionales pueden ser difíciles de entender sin algo de práctica, debes trabajar estrechamente con tu terapeuta mientras realizas este ejercicio. Podría ser útil hacer este formulario muchas veces utilizando diferentes situaciones que hacen que tu ansiedad empeore.

Puede que la ansiedad sea una emoción saludable porque te obliga a centrarte en tu problema y a trabajar para resolverlo. Puede haber momentos en los que tu ansiedad se descontrole y haga lo contrario. Puede paralizar tu capacidad para resolver tus problemas. Si esto ocurre, entran en juego los pensamientos irracionales.

Con este ejercicio, vas a practicar cómo atrapar tus pensamientos irracionales y luego reemplazarlos con alternativas racionales. Una vez que hayas practicado esto lo suficiente, se convertirá en un proceso que es natural, y podría ayudarte a manejar mejor tu ansiedad.

Describe una situación que siempre desencadene tu ansiedad:

He aquí algunos ejemplos: "tienes que conducir hasta tu casa durante la hora punta de tráfico" o "tienes que dar un discurso ante una gran multitud".

La ansiedad puede destruir tu pensamiento haciendo que sobreestimes que algo va a salir mal, y esto te hace imaginar que todas las posibles consecuencias son peores de lo que son. Si te tomas unos minutos para pensar en los hechos, podrás ver tus pensamientos irracionales.

Imagínate que te enfrentas a la situación que has descrito anteriormente. Ahora describe el:

Peor resultado:

_____

_____

_____

Mejor resultado:

_____

_____

_____

Resultado probable:

_____

_____

_____

Ahora imagina que ocurre el peor resultado. ¿Seguiría importando?:

De aquí a una semana:

_____

_____

_____

De aquí a un mes:

_____

_____

_____

De aquí a un año:

_____

_____

_____

Normalmente, nuestros pensamientos ansiosos sólo se centran en los peores resultados, aunque no sea probable que ocurran. Digamos que estás nervioso por dar un discurso. Podrías pensar: "Se me va a olvidar todo y me voy a avergonzar, y nunca lo superaré".

Una vez que puedas ser un observador externo, sabrás que un pensamiento más racional y alternativo podría ser: "Puede que mi discurso esté bien, pero si meto la pata, todo el mundo lo olvidará pronto".

Ahora, utiliza tus "peores resultados" y los "resultados probables" que escribiste anteriormente y describe tu

Pensamiento irracional:

_____

_____

_____

Pensamiento racional:

_____

_____

_____

Capítulo 11

Problemas físicos

E l entrenamiento en relajación progresiva comenzó en la década de 1930 y se ha utilizado para tratar la ansiedad y la tensión. Edmund Jacobsen creó un programa largo y sistemático que enseña a relajarse y que consiste en entrenarse para tensar y liberar grupos musculares mientras se está en sintonía con las sensaciones de relajación. Joseph Wolpe continuó con el trabajo de Jacobsen y añadió las técnicas de relajación a un programa que denominó desensibilización sistémica. Pensó que se podía cambiar la respuesta de miedo para evocar una respuesta incompatible mientras se les mostraba algo que temían para deshacerse de su reacción de miedo. Wolpe acortó el programa de entrenamiento de Jacobson y lo integró en una forma de condicionar su ansiedad. En varias investigaciones se ha utilizado la relajación muscular progresiva estandarizada.

El entrenamiento en relajación progresiva es una intervención muy importante. Algunos resultados pueden ser:

- Tratamiento del trastorno de pánico y de los ataques de pánico

- Reducción del estrés agudo y la ansiedad en pacientes con esquizofrenia

- Tratamiento del trastorno de ansiedad generalizada

Tu terapeuta te dará muchas razones para utilizar la relajación muscular progresiva. La PRT consiste en ejercicios que le enseñan a tensar y relajar secuencialmente grupos de músculos de todo el cuerpo mientras presta atención a las sensaciones que se asocian con la relajación y las tensiones.

Se te dirá que:

- Centrarse en un grupo muscular

- Tensar este grupo muscular

- Mantener la tensión durante cinco segundos

- Liberar la tensión

- Mantener la concentración en el grupo muscular durante 20 a 30 segundos, y tome nota de cualquier sensación de relajación antes de pasar al siguiente grupo de músculos

Esta es una secuencia recomendada:

1. Baja el brazo junto con la mano derecha: aprieta el puño mientras tensa el brazo inferior

2. Baja el brazo junto con la mano izquierda: aprieta el puño mientras tensa la parte inferior del brazo

3. Parte superior del brazo derecho: lleva la mano hasta el hombro y tensa el músculo del bíceps

4. Parte superior del brazo izquierdo: lleva la mano hasta el hombro y tensa el músculo del bíceps

5. Parte inferior de la pierna y el pie derecho: apunta los dedos del pie y tensa el músculo de la pantorrilla

6. Parte inferior de la pierna y el pie izquierdo: apunta con los dedos del pie y tensa el músculo de la pantorrilla

7. Ambos muslos: presiona los muslos y las rodillas con fuerza

8. Abdomen: tensa los músculos abdominales

9. Pecho: inhala profundamente y mantenlo

10. Espalda y hombros: aprieta los hombros o tira de ellos hacia arriba e intenta tocar las orejas

11. Garganta y cuello: empuja la cabeza hacia atrás contra lo que estás sentado

12. Labios: apriétalos con fuerza, pero no aprietes los dientes

13. Ojos: ciérralos todo lo que puedas

14. Parte inferior de la frente: junta las cejas mientras frunces el ceño

15. Frente superior: arruga la frente

A continuación encontrarás algunas secuencias musculares alternativas. Éstas varían en longitud. Debes familiarizarte con la secuencia completa antes de practicar las secuencias más cortas. Es posible que te guste más hacer las secuencias hacia abajo o hacia arriba. Todo depende de lo que le parezca mejor.

Secuencia de siete grupos musculares

- Bíceps, antebrazo y mano dominante
- Bíceps, antebrazo y mano no dominante

- Músculos faciales: tirar de las comisuras de la boca hacia atrás, arrugar la nariz, entrecerrar los ojos, fruncir el ceño

- Garganta y cuello

- Abdomen, parte superior de la espalda, hombros, pecho

- Pie, pantorrilla y muslo dominante

- Pie, pantorrilla y muslo no dominante

Secuencia de 16 grupos musculares

- Antebrazo y mano dominante: aprieta el puño mientras tensa la parte inferior del brazo

- Bíceps dominante: lleva la mano hasta el hombro y luego tensa el bíceps

- Antebrazo y mano no dominante

- Bíceps en el bíceps no dominante

- La frente

- Nariz y parte superior de la mejilla

- Mandíbula y parte inferior de la mejilla

- Garganta y cuello

- Parte superior de la espalda, hombros y pecho

- Estómago o región abdominal

- Muslo del lado dominante

- Pantorrilla del lado dominante

- Pie del lado dominante

- Muslo del lado no dominante

- Pantorrilla del lado no dominante

- Pie del lado no dominante

Secuencia de cuatro grupos musculares

- Bíceps, brazos, manos, ambos lados

- Cuello y músculos de la cara

- Abdomen, espalda, hombros y pecho

- Pies, pantorrillas y muslos de ambos lados

Secuencia descendente

- Frente

- Nariz y parte superior de las mejillas

- Mandíbula y mejillas inferiores

- Garganta y cuello

- Parte superior de la espalda y hombros

- Bíceps en ambos lados

- Antebrazos y manos en ambos lados

- Abdomen

- Muslos a ambos lados

- Pantorrillas por ambos lados

- Pies en ambos lados

Secuencia ascendente

- Pies ambos lados

- Pantorrillas ambos lados

- Muslos ambos lados

- Abdomen

- Antebrazos y mano ambos lados

- Bíceps ambos lados

- Parte superior de la espalda y hombros

- Garganta y cuello

- Mandíbula y mejillas inferiores

- Nariz y parte superior de las mejillas

- Frente

Capítulo 12

Concentración

L os problemas de concentración pueden deberse a varias causas. Los problemas de concentración son comunes en las personas que tienen TDAH, pero también pueden ser causados por el aburrimiento. La TCC cuenta con lo que se denomina tarea de concentración. Dicha tarea consiste en redirigir la atención de uno mismo a lo que ocurre fuera de él. Esto te aleja de tus pensamientos, que podrían estar impidiéndote concentrarte, y te ayuda a centrarte en lo que debes.

El objetivo principal de esto es ayudar a las personas a aprender a concentrarse en lo que deciden enfocar en lugar de permitir que sus mentes vaguen.

El TDAH se diagnostica habitualmente en niños en edad escolar. Casi uno de cada diez niños en edad escolar ha sido diagnosticado con él. Para los adolescentes, la educación sobre el TDAH es una parte importante de su tratamiento. Existen numerosos mitos sobre el TDAH, como la idea de que quienes han sido diagnosticados son "menos inteligentes" o que el TDAH puede utilizarse como excusa para los problemas académicos y de comportamiento.

¿Qué es el TDAH?

TDAH significa "trastorno por déficit de atención e hiperactividad". Los que tienen TDAH tienden a tener dificultades para prestar atención a lo que se supone que están haciendo y pueden actuar sin pensar en lo que podría pasar. Por supuesto, todo el mundo tendrá estos problemas en alguna ocasión, pero en el caso de los que padecen TDAH, los problemas se dan mucho y son más extremos.

Hay dos partes principales del TDAH: la hiperactividad y la falta de atención. La mayoría tendrá algunos signos de cada una de estas cosas, pero todo el mundo lo experimentará de manera diferente.

Signos de falta de atención:

- A menudo pierden cosas o son muy desorganizados - pierden los deberes en una mochila desordenada

- Comete errores por descuido - se salta la última página del examen o se deja el grifo abierto

- Olvidan a menudo sus responsabilidades: se olvidan de entregar los deberes o de hacer sus tareas

- Dificultad para seguir las tareas: empieza un proyecto pero no lo termina

- Le cuesta prestar atención: se distrae con facilidad y su mente divaga

Signos de hiperactividad:

- Demasiado hablador: le cuesta callar y escuchar

- Dificultad para esperar su turno: interrumpe o suelta respuestas

- A menudo se siente inquieto - se siente al límite cuando está esperando o sentado

- Se mueven constantemente: golpean el escritorio o se retuercen en su asiento

- Dificultad para permanecer sentado: se levanta y se levanta del asiento durante la clase

Algunos datos sobre el TDAH son

- Uno de cada diez niños y adolescentes tiene TDAH

- El TDAH no influye en el futuro de una persona. Muchas personas que tienen TDAH son muy exitosas, trabajadoras e inteligentes

- Muchas personas descubrirán que sus síntomas de TDAH disminuirán con la edad

- El tratamiento y la práctica pueden ayudar a las personas a controlar sus síntomas

Existen tratamientos para el TDAH. La terapia puede ayudar a aprender habilidades prácticas que ayuden a controlar los síntomas, reducir las acciones no deseadas, mejorar las habilidades sociales y aprender a gestionar las emociones. A veces, se prescriben medicamentos.

Plan de orientación

El TDAH dificulta la concentración y el enfoque en las tareas importantes. Con frecuencia conduce a sentimientos de agobio, distracción, procrastinación o simplemente a olvidarse de lo que hay que hacer. Con un plan de concentración, combinarás habilidades prácticas y un plan sencillo para asegurarte de que haces lo que hay que hacer. Dividirás un proyecto más grande en partes más pequeñas, crearás un calendario e imaginarás los beneficios de terminar la tarea.

1. Definir la tarea

Escribe una cosa que tengas que hacer esta semana.

_____

_____

_____

_____

2. Dividir la tarea

Divide esa gran tarea en partes más pequeñas que la hagan más manejable. Algo como "limpiar la casa" puede parecer muy desalentador, pero "lavar los platos" es más fácil de manejar. Enumera al menos cinco partes de la tarea más grande y el tiempo necesario para completarla.

_____

_____

_____

_____

_____

_____

_____

3. Crear un programa

Programa tus tareas para un momento determinado, o enlázalas con otras actividades diarias. Por ejemplo, "lavar los platos después de comer". Además, piensa cómo vas a recordar en qué tarea tienes que trabajar.

_____

_____

_____

_____

_____

_____

_____

4. Preparar la tarea

Enumera cómo vas a prepararte para trabajar en tu tarea antes de la hora prevista.

a. Elimina las distracciones - Haz una lista de las distracciones que puedes eliminar antes de empezar.

_____

_____

_____

_____

b. Un lugar para las distracciones inevitables: elabore un plan "si, entonces" para las posibles distracciones.

_____

_____

_____

_____

c. Suministros y materiales - Enumera los artículos que necesitas para realizar la tarea.

_____

_____

_____

_____

d. Preparación física - Enumera las medidas que tomarás para prepararte para tu tarea.

_____

_____

_____

_____

5.   Imagina el resultado

Mucha gente subestima los sentimientos positivos asociados a la finalización de una tarea. Describe todos los beneficios de terminar la tarea, y cómo te vas a sentir como resultado.

_____

_____

_____

_____

Capítulo 13

Fobias

L as fobias son un miedo intenso y debilitante a algo. En la mayoría de los casos, las fobias no requieren tratamiento a menos que afecten a su capacidad para hacer cosas que se supone que debe hacer. Así, por ejemplo, si estás en Estados Unidos y tienes miedo a los elefantes, puedes asegurarte de no ir al zoo en lugar de buscar tratamiento para tu fobia.

Las fobias son una forma de trastorno de ansiedad, y normalmente pueden tratarse con éxito. Sin embargo, no existe un método único que funcione para todas las fobias. Si crees que necesitas un tratamiento para tu fobia, el método exacto para tratarla variará.

La TCC es un tratamiento común para las fobias, y dentro de la TCC se pueden utilizar diferentes métodos. Con las fobias, se tiene la creencia de que una determinada situación o cosa es intrínsecamente peligrosa. Esto genera un pensamiento automático negativo que se produce cuando se encuentra con la situación temida, y este pensamiento automático conducirá a una reacción conductual fóbica.

La TCC te ayuda a cambiar poco a poco tu forma de pensar sobre esa situación temida. Serán necesarias varias sesiones para contrarrestar su proceso de pensamiento. También es habitual la terapia de exposición cuando se trata de fobias. Se trata de una introducción lenta al elemento temido. Por ejemplo, supongamos que una persona tiene miedo a los perros. En ese caso, podría empezar leyendo sobre perros, luego viendo una película con perros y, por último, jugando con un cachorrito inofensivo.

Reestructuración cognitiva: Decatastrofización

Los pensamientos irracionales, o los miedos, y las distorsiones cognitivas tienen el poder de influir en la forma en que te sientes. Todo el mundo tendrá algún tipo de distorsión cognitiva, y son una parte normal del ser humano. Pero cuando se vuelven extremas y ocurren con demasiada frecuencia, como es el caso de las fobias, pueden empezar a hacerte daño.

Una distorsión cognitiva muy común entre la gente se conoce como catastrofismo. Cuando se catastrofiza, se exagera la importancia del problema o se imagina el peor resultado posible. Por ejemplo, puedes tener miedo a volar, y puedes ir al peor escenario posible de que el avión se estrellará y morirás si vuelas.

Cuando aprendes a cuestionar estos pensamientos, puedes corregir la distorsión cognitiva para que deje de afectarte.

¿Qué te preocupa?

Escribe cuál es tu pensamiento catastrofista con el mayor detalle posible.

_____

_____

_____

_____

¿Cuáles son las probabilidades de que tu preocupación se haga realidad?

Demuestra algunos ejemplos de experiencias anteriores en una situación similar, u otro tipo de pruebas, que apoyen que tu preocupación se haga realidad.

_____

_____

_____

Si tu preocupación se hace realidad, ¿qué es lo peor que podría pasar?

_____

_____

_____

Si tu preocupación se hace realidad, ¿qué es lo más obvio que va a pasar?

_____

_____

_____

Si tu preocupación se hace realidad, ¿cuáles son las probabilidades de que todo salga bien?

- ¿En una semana?

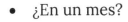

- ¿En un mes?

- ¿En un año?

Puedes utilizarlo para trabajar un miedo irracional que puedas tener en relación con tu fobia o cualquier otra distorsión cognitiva que puedas tener.

Creación de una jerarquía de exposición

Los recuerdos de tu fobia pueden desencadenar síntomas emocionales extremos, lo que hace que quieras evitar estas situaciones por completo. Pero la evitación acabará provocando que tu fobia y las reacciones a ellas empeoren. La exposición es una forma de combatir esta tendencia a la evitación. Durante la exposición, te enfrentas a tu fobia de forma controlada y segura.

Algunos ejemplos de actividades de exposición podrían ser:

- Hablar de su miedo

- Ir a algún lugar donde prevalezca el miedo

- Participar en algo que me sitúe cerca de mi miedo

- Sostener algo que me recuerde mi miedo

- Ver algo que me recuerde mi miedo

- Leer un libro sobre mi miedo

- Escribir una historia sobre mi miedo

- Pensar mentalmente en mi miedo

- Pintar o dibujar sobre mi miedo

- Jugar a un juego que me recuerde mi miedo

- Escuchar a una persona hablar de mi miedo

- Llevar algo que me haga pensar en mi miedo

Las buenas actividades de terapia de exposición requieren ciertas cosas. Lo primero es que deben realizarse de forma segura. Aunque las actividades probablemente le causen algún tipo de malestar, no deben ser inseguras.

En segundo lugar, deben ser controlables. Las actividades no deben depender de otros eventos o personas. Tienes que ser capaz de tener el control total. Por ejemplo, "ser abordado por un fuerte" no es algo que puedas controlar.

En tercer lugar, tiene que ser específica. La actividad de "pasear un perro" es demasiado vaga. ¿Qué perro vas a pasear? ¿Dónde lo vas a pasear? Una actividad mejor es "pedir a mi vecino que pasee a su perro durante 30 minutos en nuestro barrio".

Por último, tiene que ser repetible. Asegúrese de que puede realizar cada actividad al menos cuatro veces.

Es conveniente que incluyas actividades que te proporcionen una gama de grados de angustia. Empezarás a subir desde las de menor calificación hasta las de mayor.

Jerarquía de la exposición

Esta es una herramienta básica de la TCC que puede ayudar a tratar la ansiedad. Esta hoja de trabajo puede ayudarle a introducirse lentamente en los estímulos temidos. Empieza por elaborar una lista de situaciones que te provocan ansiedad y calcula la gravedad de la ansiedad en esa situación. A continuación, empieza a exponerte poco a poco a esas situaciones.

Utilizando términos amplios, describe qué es lo que te hace sentir ansiedad:

_____

_____

_____

Haz una lista y describe las situaciones específicas relacionadas con la ansiedad que te hacen sentir diferentes niveles de malestar. Deben ser cosas que se ajusten a los requisitos indicados anteriormente. Vas a hacer esas cosas. Una vez que hayas creado esa lista, revísala y califícala en una escala de cero a diez. Cero significa que no te crea ninguna ansiedad, y diez significa que estás extremadamente ansioso.

Una vez que hayas creado tu lista y las hayas puntuado, puedes trabajar poco a poco en experimentar estas cosas. Te sugiero que empieces por las que no te produzcan mucha ansiedad y trabajes con ellas hasta que puedas darles una calificación de cero o uno. Entonces puedes empezar a trabajar con situaciones más ansiosas.

Por ejemplo, si tu fobia general es a las serpientes, podrías hacer una lista como:

- Leer un libro en el que las serpientes sean el tema principal: la angustia: 4

- Permanecer en la exposición de reptiles y anfibios del zoo durante 30 minutos - angustia: 6

- Sostener una serpiente durante unos minutos - angustia: 10

Capítulo 14

Traumas

L a TF-CBT es un enfoque terapéutico que puede ayudar a los jóvenes con TEPT y otros trastornos del estado de ánimo derivados del dolor, la violencia o los abusos. A menudo se utiliza la terapia familiar cuando se ayuda a un adolescente a superar un trauma y se centra en la participación de los padres o cuidadores no infractores.

Esta forma de terapia puede utilizarse para los adolescentes que han sufrido una experiencia única o repetida de abuso mental, sexual o físico o que han desarrollado ansiedad, TEPT o depresión debido a la pérdida de un ser querido o a la exposición a la violencia.

Este enfoque centrado en el trauma fue desarrollado en la década de 1990 por Judith Cohen, psiquiatra, y Anthony Mannarino y Esther Deblinger, psicólogos. Su objetivo original era poder atender mejor a los adolescentes que habían sufrido algún tipo de abuso sexual. La TF-CBT ha crecido con los años e incluye intervenciones para ayudar a los jóvenes que han pasado por cualquier tipo de abuso o trauma.

Los traumas tempranos pueden acabar provocando sentimientos de impotencia, rabia, culpabilidad, comportamientos inadecuados, autoabuso y problemas de salud mental, como ansiedad y depresión. El TEPT, que puede afectar a adultos, niños y adolescentes, puede manifestarse de diferentes maneras. Entre ellas:

- Pensamientos recurrentes y molestos sobre el trauma

- Adormecimiento emocional

- Problemas de concentración

- Problemas de sueño

- Respuestas emocionales y físicas extremas a cualquier cosa que desencadene el recuerdo del trauma

El uso de la TF-CBT puede ayudar a abordar y mejorar los síntomas del TEPT.

Trauma por el COVID-19

El COVID-19 puede afectar a los adolescentes directa e indirectamente. Más allá del riesgo de que enfermen, el bienestar mental, social y emocional que tienen muchos adolescentes se ha visto afectado por la pandemia. Un trauma en esta etapa, incluso debido a una pandemia mundial, puede tener consecuencias a largo plazo para su vida.

El distanciamiento social es una de las mejores herramientas para evitar exponerse al virus, pero tener que evitar a las personas que quieres, como tus amigos, tu novia, tu novio u otra familia, puede ser bastante duro. Los adolescentes tienden a luchar un poco más que los adultos cuando se les pide que cambien sus rutinas sociales. Entonces, es posible que tengan que perderse eventos importantes de la vida como la graduación, los cumpleaños, las vueltas a casa y las vacaciones. Esto puede crear un sentimiento de pena.

Todo esto y el estrés que pueden notar que están pasando sus padres puede acabar provocando que se sientan como si hubieran perdido su seguridad y protección en el mundo. Para algunas familias, el COVID-19 les ha puesto en riesgo de perder su casa, de no poder conseguir comida o de no tener acceso al transporte. Además, algunos adolescentes y niños no están seguros en sus casas, pero se ven obligados a estar allí todo el tiempo cuando hay órdenes de permanencia en el hogar. Esto puede ser un momento muy traumático para cualquiera, pero para los adolescentes y los niños, puede afectar en gran medida su futuro si no se trata correctamente.

Círculo de seguridad

Cuando has sufrido un trauma, puedes sentir que no tienes un lugar seguro donde estar. No obstante, hay muchas personas que se preocupan por ti y por tu seguridad. Son aquellas a las que puedes acudir fácilmente si necesitas ayuda o si necesitas una persona con la que hablar. En el centro de la página, haz un dibujo de ti mismo.

Después, crea un círculo de seguridad dibujando o escribiendo los nombres de las personas que pueden ayudarte a estar a salvo. También puedes escribir sus números de teléfono para tenerlos siempre a mano.

Observa tus pensamientos

Cuando te sientes mal, ¿qué tipo de cosas tiendes a decirte a ti mismo? Lo más probable es que pienses en cosas que te harán sentir aún peor. ¿Adivina qué? Cuando trabajas en ello, puedes empezar a cambiar esos pensamientos. Eso es lo que vas a hacer ahora.

En primer lugar, escribirás un pensamiento que te haga sentir mal y anotarás el sentimiento que te genera.

_____

_____

_____

_____

Luego escribirás un pensamiento diferente que te haga sentir mejor contigo mismo y anotarás ese nuevo sentimiento.

_____

_____

_____

_____

¿Qué tipo de acciones habrías tomado probablemente en la primera situación? ¿Qué harías en la segunda situación? ¿Conducen estas acciones a un resultado diferente? ¿Qué resultado será mejor para ti?

_____

_____

_____

_____

Tu lugar seguro

Ahora mismo, me gustaría que miraras hacia abajo o cerraras los ojos y te tomaras un tiempo para pensar en un lugar, puede ser imaginario o real, donde te sientas feliz, seguro y tranquilo. Cuando tengas un lugar seguro en mente, haz un dibujo de ese lugar seguro. Añade todos los detalles que se te ocurran para mostrar lo que oyes, ves, saboreas, hueles y sientes cuando estás en tu lugar seguro.

_____

_____

_____

_____

_____

_____

Ahora que sabes cómo es tu lugar seguro, puedes cerrar los ojos en cualquier momento e imaginar que estás en tu lugar seguro, especialmente cuando te sientas tenso o asustado. Siempre que pienses en tu lugar seguro, asegúrate de recordar todos los detalles que pusiste en tu dibujo.

Capítulo 15

Problemas sexuales

Los adolescentes se enfrentan a nuevos impulsos a medida que atraviesan la pubertad. Esto puede provocar varios cambios y problemas. La TCC puede ser una herramienta eficaz cuando te enfrentas a problemas sexuales. Dado que la TCC se centra en las creencias sobre un problema y las acciones, puede ayudar con los problemas sexuales.

La TCC se basa en la idea de que:

- Los problemas psicológicos están causados en parte por formas de pensar poco útiles o defectuosas.

- Los problemas psicológicos están causados en parte por los patrones de aprendizaje de acciones poco útiles.

- Las personas que tienen problemas psicológicos pueden aprender una forma mejor de afrontarlos, aliviando así sus síntomas y llevando una vida más eficaz.

La TCC puede utilizarse para tratar problemas sexuales, como las dificultades durante las relaciones sexuales. Asimismo, puede ayudar a tratar problemas que afectan a la sexualidad, como el TOC, el abuso de sustancias, la ansiedad, la depresión y los conflictos en las relaciones.

La TCC también utiliza el mindfulness, que puede ayudar con los problemas sexuales. El hecho de estar consciente ayuda a las personas a mantenerse centradas en lo que tienen entre manos en lugar de distraerse.

Muchas personas asumen que los problemas sexuales sólo afectan a las personas de mediana edad. Por ejemplo, unos investigadores preguntaron a un total de 144 chicas y 114 chicos de entre 16 y 21 años sobre su vida sexual, con preguntas sobre la función sexual, como el deseo sexual, los problemas de erección y la eyaculación. Las personas que participaron en el estudio tenían una amplia experiencia sexual, y la mayoría de ellas mantenían relaciones comprometidas. La mitad de los que respondieron al cuestionario dijeron que tenían un problema sexual, y de ellos, la mitad estaban significativamente angustiados por el problema.

La mayor parte de los estudios se centran en cuestiones como las infecciones de transmisión sexual y los embarazos no deseados, pero no se sabe mucho sobre los problemas sexuales reales a esta edad. Entre los chicos que respondieron al cuestionario, alrededor del 53% dijo que tenía algún tipo de problema sexual. El 16% dijo que tenía una disfunción eréctil leve o moderada, y el 24% tenía poco deseo sexual. El 43% de las chicas dijo tener una disfunción sexual. La dificultad para alcanzar el orgasmo y el bajo deseo sexual fueron las quejas más comunes entre las chicas.

Según los investigadores, para la mayoría de los adultos que tienen disfunciones sexuales, los problemas suelen empezar en la adolescencia. No obstante, es probable que la escasa comunicación entre los adolescentes y sus padres y las barreras culturales hagan que los adolescentes no estén bien informados sobre cómo notar y obtener ayuda para este tipo de problemas.

También es probable que la forma en que se socializa a los hombres y a las mujeres desempeñe un papel en todo esto. Existe una doble moral sexual universal que da más libertad sexual a los hombres.

Técnicas de conexión a tierra

Para la mayoría de los que experimentan algún tipo de disfunción sexual, el problema es que no pueden concentrarse y no están en el momento. Con esta técnica de enraizamiento, aprenderás cuatro habilidades que ayudan a controlar las experiencias emocionales intensas y a recuperar la concentración mental. El grounding nos ayuda a centrar nuestra atención en el presente y a devolver la atención a lo que estamos haciendo.

Tanto si has sufrido un trauma como si no, puedes experimentar síntomas incómodos como la ansiedad a la hora de mantener relaciones sexuales. Las técnicas de enraizamiento te ayudarán a controlar esos sentimientos al alejar tu atención de lo que te preocupa y centrarla en lo que ocurre a tu alrededor.

Categorías de la técnica

De las categorías que aparecen a continuación, elige al menos tres y nombra tantas cosas como puedas en cada una de ellas. Dedica unos minutos a cada una de estas categorías para nombrar todas las cosas que puedas.

- Personajes famosos

- Películas

- Programas de televisión

- Países

- Ciudades

- Libros

- Animales

- Cereales

- Frutas y verduras

- Equipos deportivos

- Coches

- Colores

Conciencia corporal

Esta técnica te ayudará a entrar en el momento cambiando tu atención a la forma en que sientes tu cuerpo. Debes prestar mucha atención a todas las sensaciones que experimentas en tu cuerpo durante estos pasos.

1. Respira profundamente cinco veces por la nariz y suelta el aire a través de los labios fruncidos

2. Coloca los pies en el suelo. Mueve los dedos de los pies durante un rato y luego empieza a enroscarlos y desenroscarlos. Tómate unos instantes para notar todas las sensaciones que sientes en los pies

3. Empieza a pisar fuerte con los pies. Nota todas las sensaciones que se mueven por tus pies y suben por tus piernas al golpear el suelo

4. Dirige tu atención a las manos. Aprieta y suelta las manos diez veces

5. Aprieta las palmas de las manos y luego aprieta un poco más, y permanece en esta posición durante 15 segundos. Observa todas las sensaciones que recorren tus brazos y manos

6. Frota rápidamente las manos entre sí. Observa cómo suena y se siente

7. Estira las manos por encima de la cabeza como si quisieras tocar el cielo. Estírate así durante cinco segundos. Deja que tus brazos se relajen a los lados y nota cómo se sienten

8. Termina respirando cinco veces más y nota cómo te sientes

Ejercicios mentales

Los ejercicios mentales pueden ayudar a alejar la mente de pensamientos y sentimientos que pueden no ser agradables. Son fáciles y discretos de hacer. Experimenta para ver cuál de ellos te funciona mejor.

- Nombra algunas cosas que veas a tu alrededor

- Explica los distintos pasos que tendrías que dar cuando haces algo que sabes hacer

- Cuenta de siete en siete desde 100

- Coge algo y empieza a describirlo. Describe cómo huele, su tamaño, peso, color y textura

- Deletrea tu nombre completo, así como los nombres de tres personas que conozcas, al revés

- Di los nombres de los miembros de tu familia, su edad y una cosa que les guste hacer

- Piensa en algo y luego dibuja ese objeto en tu mente, o trazándolo en el aire con el dedo

Consejos de autocuidado

Cuando se trata de autocuidado, significa que te tomas el tiempo para hacer cosas que te gustan y cuidar de ti mismo. Cuando lo haces, puede ayudarte a reducir el estrés, mejorar tu salud y aliviar las emociones incómodas. Esto puede ayudar a proporcionar información sobre el autocuidado, incluyendo cosas prácticas que puedes hacer.

El autocuidado suele consistir en actividades cotidianas que te resulten energéticas, relajantes o divertidas. Puedes simplemente leer, o puedes irte de vacaciones para evadirte. El autocuidado también significa que tienes que cuidarte. Esto significa que tienes que comer con regularidad, dormir mucho, cuidar tu higiene personal y cualquier otra cosa que te mantenga sano.

Tienes que asegurarte de que el autocuidado es importante. Siempre encontrarás algo más que hacer, pero no puedes dejar que esas cosas interrumpan el tiempo que has reservado para cuidarte. Tienes que dar al autocuidado tanta importancia como a todo lo demás.

Tienes que empezar por plantearte objetivos específicos para tu autocuidado. Es bastante difícil atenerse a objetivos vagos, como "me tomaré más tiempo para mí". En su lugar, tienes que plantearte algo específico, como "Caminaré durante 30 minutos cada noche después de cenar".

La meta es asegurarse de convertir el autocuidado en un hábito. Elige una actividad que puedas hacer a menudo y asegúrate de cumplirla.

También tienes que asegurarte de establecer límites para tu autocuidado. No tienes que tener una obligación importante para decirle a otra persona que no puedes hacer nada. Tus necesidades personales siempre son suficientes para decir que no. Sigue recordándote que tus necesidades son tan importantes como las de los demás.

Capítulo 16

Acciones autodestructivas y acciones suicidas

C omo adolescente, estás pasando por muchos cambios. Una cosa común que los adolescentes hacen a veces es ser un poco rebeldes. Estás probando los límites y viendo lo que puedes y no puedes hacer. No obstante, esas acciones rebeldes pueden convertirse en un comportamiento autodestructivo.

Hay una fina línea entre la rebeldía y el comportamiento autodestructivo. La conducta autodestructiva son actos autoinfligidos que son destructivos para uno mismo. Esto podría ser un adolescente que decide ceder a la presión de sus compañeros y beber alcohol en una fiesta. Esto es perjudicial, pero también es algo normal. No obstante, si la bebida se convierte en un hábito diario para el adolescente, si bebe y conduce a sabiendas, y si ignora las señales de que la bebida está afectando a su vida, entonces hay más motivos de preocupación.

El comportamiento autodestructivo puede estar causado por la negligencia, el abuso emocional, sexual o físico, la ansiedad, la depresión y los patrones disfuncionales aprendidos. Lo que no es y de donde no proviene es la búsqueda de atención. Ningún niño actúa así sólo para llamar la atención. Necesitan ayuda.

Las distintas características de los comportamientos destructivos de los adolescentes pueden ir desde tirar cosas hasta causar daños a su entorno o a sí mismos. Cuando se producen comportamientos graves, están luchando con algo y necesitan ayuda. Estas acciones autodestructivas pueden acabar desembocando en intentos de suicidio. El suicidio es la tercera causa de muerte entre las personas de 15 a 24 años.

La TCC puede utilizarse como una intervención para los adolescentes que luchan contra el comportamiento autodestructivo y las ideas suicidas. El suicidio es distinto de otras condiciones de salud mental o médica y puede ocurrir en el contexto de varios diagnósticos diferentes. Por este motivo, el tratamiento debe dirigirse a los pensamientos y acciones relacionados y debe considerarse de naturaleza transdiagnóstica.

Si estás experimentando pensamientos suicidas o has empezado a crear un plan de suicidio, por favor, busca ayuda inmediatamente de un profesional cualificado. A partir de ahí, puedes empezar a utilizar estas hojas de trabajo para sanar y elaborar un plan de seguridad.

Experimento de comportamiento

Nuestras creencias y pensamientos ayudan a determinar cómo actuamos y nos sentimos en un momento dado. Incluso aquellos pensamientos que son irracionales tendrán un impacto en nuestras acciones y estado de ánimo. Utilizar un experimento conductual puede ayudar a poner a prueba esas creencias e ideas y sustituirlas por algo más saludable. Lo que lo hace tan poderoso es que puedes aprender a desafiar tus pensamientos en el mundo real.

Puedes utilizar este experimento en una situación hipotética o en una situación de la vida real.

La primera parte es idear el plan del experimento.

Pensamiento a probar:

¿Cuál es la creencia o el pensamiento que te gustaría poner a prueba?

_____

_____

_____

Experimenta:

¿De qué manera puedes poner a prueba este pensamiento?

_____

_____

_____

¿Cuándo vas a realizar esta prueba?

_____

_____

_____

Predicción:

¿Qué crees que va a pasar cuando hagas este experimento?

_____

_____

_____

¿Cómo crees que te vas a sentir una vez que experimentes? ¿Muy mal, mal, neutral, bien, muy bien?

_____

_____

_____

Una vez que hayas puesto a prueba tu creencia o pensamiento, debes reflexionar sobre los resultados de tu experimento.

Resultado:

¿Qué ocurrió durante tu experimento?

_____

_____

_____

¿Cómo te sentiste después del experimento? ¿Muy mal, mal, neutral, bien, muy bien?

_____

_____

_____

Nuevo pensamiento:

Teniendo en cuenta lo que has aprendido de tu experimento, ¿cuál es tu nuevo pensamiento?

_____

_____

_____

Actividades positivas para la activación del comportamiento

El primer paso para llegar a la activación conductual es detectar diferentes actividades que sean gratificantes y fáciles. Dichas actividades van a actuar como reemplazo de los comportamientos poco saludables que podrían tomar el control durante un momento depresivo. Debes asegurarte de elegir actividades que tengan un alto grado de facilidad y recompensa para aumentar la probabilidad de que las realices.

Todo lo que tiene que hacer para ello es escribir varias actividades diferentes que le resulten gratificantes. Después, calificarás cada actividad en función de lo fácil que sea y de lo gratificante que te resulte. Diez significaría que es realmente fácil o gratificante, y uno sería difícil o no gratificante.

Crea tres columnas. La primera debe llevar la etiqueta Actividad, la segunda Facilidad y la tercera Recompensa.

Por ejemplo, la actividad podría ser ir a dar un paseo. Podrías marcar la facilidad como nueve y la recompensa como seis.

Conclusión

Muchas gracias por haber llegado hasta el final de *Terapia Cognitivo Conductual para Adolescentes*. Confiamos en que haya sido informativo y capaz de proporcionarte todas las herramientas que necesitas para lograr tus objetivos, sean cuales sean.

El próximo paso es empezar a utilizar los ejercicios de este libro para ayudar a sanar. Varios de estos ejercicios se solapan con diferentes dolencias, así que utiliza las técnicas que creas que pueden ayudarte. No esperes que funcionen después de un solo uso, sin embargo. Es necesario recablear el cerebro antes de que notes el efecto completo de tu trabajo. No te desanimes. Sigue utilizando estos ejercicios y encuentra a alguien con quien puedas hablar regularmente. Puedes superar lo que te esté causando problemas. No estás solo en el mundo, aunque a veces lo parezca. Lo estás haciendo muy bien.

Finalmente, si este libro te ha resultado útil de alguna manera, ¡una reseña en Amazon siempre se agradece!

Terapia Cognitivo Conductual para Adultos

Métodos y Ejercicios Probados para Controlar la Ira, la Ansiedad, la Depresión y el Pánico. Supera el TDAH, el TEPT, el TOC y las Adicciones

Tara Wilson

Traductora: Juliana Correa Nieto

Introducción

En primer lugar, me gustaría agradecerte que hayas elegido *Terapia Cognitivo Conductual para Adultos*. Confío en que la información te resulte útil, sea cual sea tu objetivo. En este libro, encontrarás varias técnicas de TCC que te ayudarán a trabajar diferentes problemas, como la depresión, la ansiedad, la ira, el TDAH, el TOC, el TEPT y el abuso de sustancias.

Este libro es relativamente sencillo y fácil de usar. En los primeros capítulos se explica qué es la TCC y algunas prácticas de mindfulness que se pueden utilizar. El mindfulness es una parte importante de la TCC y puede ayudarte a resolver prácticamente cualquier problema que tengas. Verás varias prácticas de mindfulness que puedes probar.

Posteriormente, el resto del libro está dividido en capítulos que cubren varias dificultades de salud mental. Se explica brevemente en qué consisten y cómo puede ayudar la TCC, y a continuación encontrarás hojas de trabajo y prácticas de TCC que puedes utilizar para ayudarte a superar estos problemas.

Dichas técnicas y prácticas pueden ayudarte a superar prácticamente cualquier cosa con la que estés luchando en este momento. Eso sí, no van a ocurrir de la noche a la mañana. Se necesitará tiempo y esfuerzo de tu parte para continuar usando estas prácticas. Si estás enfrentando algún problema de salud mental severo, por favor busca atención profesional de inmediato.

El mejor modo de utilizar este libro es leer la información y luego averiguar cuál es el mejor lugar para empezar a trabajar. La mayoría de las prácticas se solapan, así que aunque no tengas TDAH, puede que uno de los ejercicios de ese capítulo te resulte útil para tu ansiedad.

La salud mental es tan importante como la salud física, pero muchos de nosotros tenemos miedo de admitir que necesitamos ayuda. Todavía se juzga a quienes luchan contra la depresión, la ansiedad y otros problemas de este tipo. Les gusta decir que solo tenemos que sacudirnos o animarnos. Sin embargo, eso no es posible. Los problemas de salud mental son reales. Pueden tener un impacto significativo en la salud de una persona, incluso físicamente. Ignorarlos no resuelve el problema y solo lo empeorará. Te animo a que utilices este libro para curarte a ti mismo. Estas técnicas y herramientas pueden ayudarte enormemente si te tomas el tiempo de utilizarlas. Te harán enfrentar cosas que tal vez no quieras enfrentar, pero te ayudarán a largo plazo. El hecho de sentir un poco de incomodidad ahora te traerá más paz en el futuro. Te animo a dar este paso para mejorar tu salud. Es un gran paso, y solo las personas más fuertes decidirán darlo. Es decir, si estás aquí ahora mismo, eres una persona fuerte. Eres una persona fantástica. No dejes que nadie te diga lo contrario. Puedes hacer cualquier cosa que te propongas, así que utiliza este libro para mejorar tu vida.

Gracias una vez más por elegir este libro. Espero sinceramente que te ayude.

Capítulo 1

¿Qué es la TCC?

El estrés, es algo que probablemente conozcas. Se trata de algo que todo el mundo conoce muy bien, sobre todo después de un año como el 2020. El estrés es una respuesta natural del cuerpo, y es de esperar que experimente estrés de vez en cuando en la vida.

No obstante, el estrés crónico puede tener una repercusión importante en su salud. Cuando te sometes al estrés durante días, semanas o incluso meses, te arriesgas a sufrir varios problemas de salud. Dichos riesgos pueden extenderse a tu mente y cuerpo, así como a tu salud emocional. El estrés también puede crear una respuesta inflamatoria en el cuerpo, relacionada con muchos problemas de salud crónicos. De ahí la importancia de buscar ayuda para el estrés. No hay forma de eliminar el estrés por completo, pero es posible controlar su respuesta en el cuerpo. Mediante la terapia cognitivo-conductual, puedes hacer precisamente eso.

Buscar ayuda con la TCC

La TCC o terapia cognitivo-conductual puede ayudar a las personas a entender las formas de encontrar y cambiar los patrones de pensamiento perturbadores o destructivos que tienen influencias negativas en sus emociones y comportamientos.

La TCC se centra en cambiar los pensamientos automáticos de una persona que son siempre negativos y que contribuyen a empeorar la ansiedad, la depresión y otros problemas emocionales. Este tipo de pensamientos negativos que surgen espontáneamente pueden tener influencias perjudiciales en el estado de ánimo.

Es posible encontrar estos pensamientos, cuestionarlos y sustituirlos por otros más realistas y objetivos mediante la TCC.

La TCC es mucho más que tratar de encontrar patrones de pensamiento. Hace hincapié en el uso de muchas estrategias diferentes para ayudar a la persona a superar sus pensamientos. Dichas estrategias pueden incluir distracciones mentales, técnicas de relajación, juegos de rol y escribir un diario.

Historia de la TCC

La TCC comenzó durante la década de 1960 y se originó con el trabajo de Aaron Beck. Era un psiquiatra que se dio cuenta de que determinados tipos de pensamiento causaban problemas emocionales. Beck les dio la etiqueta de "pensamientos negativos automáticos". Creó un proceso que ahora llamamos terapia cognitiva.

Otras terapias anteriores solo se centraban en castigos, refuerzos y asociaciones para cambiar el comportamiento de una persona; este nuevo enfoque cognitivo analizaba cómo los sentimientos y el pensamiento afectaban a los comportamientos. Desde entonces, la TCC se ha convertido en un tratamiento eficaz para una gran variedad de enfermedades y trastornos.

La TCC constituye el tipo de terapia más investigado porque los tratamientos se centran en objetivos muy específicos y los resultados pueden medirse muy fácilmente.

La TCC podría ser una gran opción de tratamiento para muchos problemas psicológicos diferentes. Si crees que podrías beneficiarte de este tipo de terapia, habla con tu médico para que te remita a un terapeuta capacitado.

Usos de la TCC

La TCC puede ser una herramienta eficaz cuando se utiliza como tratamiento a corto plazo que se centra en ayudar a las personas que tienen un determinado problema. La TCC les enseña a centrarse en sus creencias y pensamientos actuales. La TCC puede utilizarse para tratar una gran variedad de problemas, entre ellos:

- Estrés

- Fobias

- Trastornos de la personalidad

- Ataques de pánico

- Trastornos de la alimentación

- Depresión

- Trastorno bipolar

- Ansiedad

- Problemas de ira

- Adicciones

La TCC está muy centrada y orientada a objetivos, y tu terapeuta tendrá un papel muy activo. Colaborarás con tu terapeuta para alcanzar los objetivos que ambos hayan establecido. Tu terapeuta te explicará el proceso con mucho detalle. Probablemente te dará algunos deberes para hacer entre las sesiones.

TCC y estrés

Una respuesta hormonal crea el estrés. El hipotálamo se pone en marcha cuando experimentas estrés y envía señales a todo tu sistema nervioso. Cuando los riñones reciben ese mensaje, liberan las hormonas del estrés, concretamente el cortisol y la adrenalina. Además, el estrés llena tu mente de preocupaciones incesantes y a menudo injustificadas. Tu mente se llena de pensamientos sobre lo que tienes que hacer y lo que te puede deparar el futuro. Más que centrarse en lo que necesitas, estos pensamientos bombardean tu mente y es difícil alejarse de ellos.

Mediante el uso de la TCC, puedes aprender:

- Por qué ciertas situaciones te están creando estrés.

- Conoce ciertos patrones de pensamiento que mantienes y que podrían estar manteniéndote estancado.

- Descubre cómo pensar y comportarte de una nueva manera que puede librarte del estrés.

- Consigue una nueva comprensión y confianza en tu capacidad para afrontar esas situaciones estresantes.

Lo sorprendente de la TCC es que permite tratar otros problemas de salud además del estrés, pero las herramientas tienden a ser las mismas. La terapia TCC para el estrés te ayuda a aprender más sobre las cosas que aumentan tus niveles de estrés. Asimismo, puede ayudarte a aprender nuevas formas de pensar y actuar que te ayuden a detectar los factores desencadenantes y a mejorar tu confianza para afrontar los momentos de estrés con mayor eficacia. Después de trabajar con las herramientas de la TCC unas cuantas veces, empezarás a sentirte más tranquilo, con el control y con la sensación de que manejas mejor la vida.

A pesar de ser desagradable, el estrés no es una enfermedad. Sin embargo, el estrés se ha relacionado con muchas condiciones de salud mental, incluyendo el TEPT, la psicosis, la ansiedad y la depresión. Es por ello que, aunque no haya un capítulo específico sobre el estrés, las hojas de trabajo y las herramientas de esos capítulos pueden ayudarte a lidiar con el estrés y a vivir una vida más feliz.

Capítulo 2

Practicar el Mindfulness

C itando a Jon Kabat-Zinn, "Mindfulness significa prestar atención de una manera particular: a propósito, en el momento presente y sin juzgar".

Hay otra definición de Scott Bishop, quien es psicólogo. Él describe el mindfulness como una conciencia elaborada, centrada en el presente y sin prejuicios, en la que cada sensación, sentimiento y pensamiento que surge es reconocido y aceptado por lo que es.

Aunque parezca sencillo, el mindfulness puede cambiar la forma en que nos relacionamos con las experiencias y los acontecimientos. Es capaz de crear una forma mejor de vivir en el mundo que nos hará más felices y menos reactivos.

¿Por qué deberías practicar el mindfulness?

A muchas personas la práctica del mindfulness les resulta una forma excelente de mejorar su rendimiento o su salud. Para otras personas es una forma de explorarse a sí mismas. Y otras lo utilizan como parte de su espiritualidad para acercarse a su "verdad divina".

Independientemente de la motivación de una persona, las investigaciones han demostrado que la práctica del mindfulness puede modificar las funciones y la estructura del cerebro y cambiar la forma en que respondemos al estrés. Todo ello sugiere que el mindfulness puede tener un gran impacto en nuestra salud emocional y física que valdría la pena analizar.

TCC y mindfulness

La TCC suele utilizar técnicas de mindfulness. Esto se conoce como terapia cognitiva basada en el mindfulness o MBCT. Se trata de un tipo de psicoterapia que combina la meditación, la terapia cognitiva y el cultivo de una actitud orientada al presente conocida como mindfulness.

La terapia cognitiva parte de la premisa de que los pensamientos van por delante de los estados de ánimo y de que tener falsas creencias sobre uno mismo genera emociones negativas. La terapia cognitiva tiene como objetivo principal ayudarte a reevaluar y reconocer tus patrones de pensamiento negativos y sustituirlos por otros más positivos y cercanos a la realidad.

El tratamiento cognitivo basado en el mindfulness se basará en estos principios básicos utilizando la meditación de mindfulness para ayudar a las personas a prestar más atención a sus sentimientos y pensamientos sin juzgarlos.

Así, por ejemplo, una persona con depresión crónica puede utilizar el mindfulness para evitar recaídas, al aprender a no comprometerse con sus patrones de pensamiento automáticos que hacen que su depresión empeore. Está demostrado que el mindfulness puede, por término medio, reducir el riesgo de recaída en la depresión en un 50%, independientemente de la educación, la edad, el sexo o la situación sentimental de la persona.

Mindfulness y estrés

El mindfulness constituye también una poderosa herramienta para reducir el estrés, que ya hemos comentado que todo el mundo tiene. Existen cada vez más pruebas de numerosos estudios realizados por cientos de universidades que demuestran que el mindfulness ayuda a construir suavemente la fuerza interior para que los futuros factores de estrés no tengan un fuerte impacto en nuestro bienestar físico y mental.

¿Por qué el mindfulness es tan bueno para el estrés? He aquí nueve razones.

1. Te das cuenta de tus pensamientos - Aprenderás a dar un paso atrás en tus pensamientos y a no tomarlos literalmente. Esto evitará que se inicie tu respuesta de estrés.

2. No reaccionarás inmediatamente ante una situación - En su lugar, descubrirás que tienes un momento para pararte a pensar y llegar a una solución saludable.

3. Mindfulness activará tu modo "ser" - Este modo está estrechamente relacionado con la relajación. Lo contrario es el modo "hacer" y está relacionado con la respuesta al estrés.

4. Te vuelves más consciente de tus necesidades - Puedes notar un dolor más rápido y tomar el curso de acción correcto.

5. Te das cuenta de las emociones de los demás - A medida que aumentas tu inteligencia emocional, es menos probable que te enfrentes a conflictos.

6. Tu nivel de compasión y cuidado de ti mismo y de los demás crece - Una mente compasiva ayuda a inhibir y calmar la respuesta al estrés.

7. El mindfulness reduce la actividad cerebral en la amígdala - La amígdala es un gran protagonista en tu respuesta al estrés, por lo que tu estrés se reducirá.

8. Podrás concentrarte mejor - Esto te ayudará a realizar tu trabajo de forma más eficiente, y mejorará tu sensación de bienestar y disminuirá tu respuesta al estrés.

9. Puedes cambiar tu actitud ante el estrés - En lugar de ver solo las consecuencias negativas de sentirse estresado, el mindfulness te proporcionará un espacio para pensar de forma diferente sobre el estrés.

El mindfulness puede desarrollarse de varias maneras

Si el mindfulness es tan útil, ¿cómo se puede aprender a desarrollar esta habilidad? Existen varias prácticas que ayudan a desarrollar el mindfulness, como estar en la naturaleza, el movimiento y la meditación. Esta sección describe algunas de estas técnicas de meditación, pero, en general, tratan de desarrollar las tres características principales del mindfulness:

-   Una actitud amable, curiosa y que no juzgue

-   Atención a las cosas que ocurren a tu alrededor

-   Intención de crear conciencia

Para ayudarte a cultivar la práctica del mindfulness, te presentamos a continuación algunas formas de ayudar a cultivar el mindfulness. Resulta útil utilizar el mindfulness junto con las demás técnicas que se tratan en este libro. Todo ello contribuye a mejorar tu bienestar mental.

Respiración consciente para empezar el día

Programa el despertador cinco o diez minutos antes de la hora a la que sueles levantarte. Cuando suene la alarma, siéntate y ponte cómodo. Utiliza este tiempo para disfrutar de una respiración centrada. Se trata de una de las mejores maneras de empezar el día. Te estarás levantando a la hora correcta, y no estás sacrificando ningún tiempo de tu rutina normal. Cuando practicas mindfulness durante las horas de la mañana, empiezas el día sintiéndote despejado, fresco y tranquilo. Te permite despertarte en lugar de saltar directamente de la cama y tener que apresurarte desde el principio suavemente.

Puedes cerrar los ojos si lo deseas. Si mantengo los ojos abiertos, descubro que necesito ocuparme de eso, lo que anula todo el propósito de este ejercicio. Inspira profundamente y nota la sensación de tu respiración llenando tus pulmones. Exhala y vuelve a inspirar. Puede que te des cuenta de que tu mente divaga aquí y allá, pero no pasa nada. Vuelve a centrarte en la respiración.

Con el tiempo y la práctica, esto será más fácil. Puedes programar un temporizador para cinco o diez minutos. No es necesario que lo hagas durante más tiempo.

Selecciona una tarea para hacerla de forma consciente

Probablemente tengas una página llena de cosas que te gustaría hacer. Esas tareas son las que más posibilidades tienen de introducir más mindfulness en tu vida.

Mira estas ideas:

- Da un paseo y observa atentamente todos los sonidos que se producen a tu alrededor. Observa cómo se siente el suelo mientras caminas, o busca cosas que nunca antes habías visto.

- Dúchate con atención observando las sensaciones del agua que corre por tu cuerpo.

- Tómate el café o el té de la mañana con atención. Esto significa que tendrás que apartar el teléfono y fijarte en su sabor, temperatura, aroma y aroma.

La idea de realizar esta actividad es empezar a crear el hábito de hacer algo sencillo, que ya estarías haciendo todos los días, es decir, de una forma nueva y consciente. Libera todas las distracciones mientras trabajas para centrarte en el momento presente.

Permítete sentir tus emociones sin juzgarlas

Se trata de una actividad estupenda para llevar a cabo al final del día y comprobar tus necesidades. Puedes hacerlo simplemente preguntándote: "¿Cómo me siento ahora mismo?". Si puedes, intenta dedicar un par de minutos al día a observar tus emociones mientras creas un espacio en el que puedas experimentarlas.

Para ello, puedes buscar un lugar tranquilo y concentrar toda tu atención en tu interior.

Tómate un momento para notar cómo te sientes físicamente.

Piensa en los acontecimientos que te han ocurrido ese día.

Fíjate en las emociones que puedas tener y en el motivo por el que están ahí.

Ahora, libera esas razones y concéntrate únicamente en la emoción. Podrías encontrarte con algo como: "Me siento irritado porque la casa está desordenada y mi jefe espera demasiado de mí". Puedes descomponer esto en: "Me siento irritado".

Fíjate en lo que sientes al estar irritado sin juzgarte por ese sentimiento. Permítete sentir realmente esa emoción y puede que se desvanezca.

Mantén una conversación consciente con alguien a quien quieres

La conexión con los demás es fundamental para sentirse escuchado, apoyado y querido. ¿Por qué no añadir un poco de mindfulness a tu relación para acercaros más?

A continuación te explicamos cómo puedes hacerlo:

- Pregúntale a un ser querido si tiene tiempo para hablar. Dile que te gustaría saber cómo ha ido su semana y hazle saber que quieres tener una conversación con él sin distracciones como el teléfono o la televisión.

- También puedes decidir salir a algún lugar agradable como un restaurante donde podáis comer y hablar, o simplemente dar un paseo.

- Intenta dedicar tu atención y tu tiempo a tus seres queridos y mantén la mente abierta mientras ellos hablan.

- Cuando hayas terminado de hablar, felicita a la persona. Dile que aprecias su franqueza, su honestidad y su tiempo.

Haz algo creativo

Colorear, tocar un instrumento, planear un viaje, construir cosas, coser, cocinar, escribir, cultivar un jardín o pintar... existen tantas formas de expresar tu creatividad.

Cada vez que puedes sumergirte en una actividad creativa, estás experimentando el mindfulness. No piensas en nada más que en lo que estás haciendo en ese momento porque estás demasiado concentrado en participar en la actividad.

La otra semana decidí plantar unos nuevos bulbos de tulipán. Salí al jardín y coloqué los bulbos sobre la tierra para ver si me gustaba donde estaban colocados. Tardé un par de veces en colocarlos exactamente como quería. No estaba pensando en mis correos electrónicos no leídos, en lo que iba a cocinar para la cena ni en la lista de tareas pendientes que colgaba de la nevera. Solo prestaba atención a las flores que disfrutaría en primavera. Estaba completamente inmersa en la jardinería. Ya que estamos hablando de la naturaleza:

Pasa tiempo en la naturaleza

Al salir a la naturaleza, no solo es una gran manera de añadir algo de mindfulness a tu mundo, sino que también consigues experimentar otros numerosos beneficios.

Un estudio realizado en 2019 descubrió que pasar solo dos horas al aire libre cada semana podría ayudar con el bienestar y la salud de una persona. Dicho estudio incluyó a más de 20.000 participantes, y aquellos que pasaron dos horas en la naturaleza no experimentaron trastornos de salud mental ni mala salud, como enfermedades cardiovasculares y obesidad. El tiempo que pasaban en la naturaleza ni siquiera tenía que ser físico. Puede ser tan sencillo como sentarse en un banco del parque y disfrutar de la vista.

Otro estudio demostró que pasar 20 minutos en la naturaleza podía reducir los niveles de hormonas del estrés de una persona. Pasar un rato en la naturaleza ayudará a tu salud física y mental. A continuación se indican algunas formas estupendas de salir a la naturaleza:

- Montar a caballo

- Hacer paddle-boarding

- Ir a una granja a recoger bayas

- Caminar por un jardín botánico

- Sentarse bajo un árbol

- Ir de excursión a una cascada

- Caminar alrededor de un lago

Hay muchas cosas que se pueden hacer en la naturaleza. Básicamente, solo tienes que salir y disfrutar de ella.

Capítulo 3

Trastornos del sueño

El insomnio es probablemente uno de los trastornos del sueño más comunes. Está caracterizado por la incapacidad de conciliar el sueño, mantenerse dormido, despertarse demasiado pronto o necesitar medicación para conciliarlo. Si a esto le sumamos el estrés, el insomnio no se duerme bien. La TCC-I es una forma especial de terapia cognitivo-conductual que se centra en mejorar la calidad del sueño. Está diseñada para las personas que necesitan ayuda para resolver su insomnio u otros problemas de sueño.

Asimismo, es importante asegurarse de que el insomnio no se debe a ningún otro problema de salud. El insomnio es un efecto secundario común de los medicamentos recetados y de otros problemas de salud mental, como la ansiedad, la depresión o el estrés psicológico. Aunque estas técnicas podrían ayudarte, es posible que deban ajustarse a lo que pueda estar causando tus problemas.

Asegúrate de utilizar una variedad de estas técnicas todos los días durante seis u ocho semanas. Si la TCC-I funciona para ti, deberías empezar a ver mejoras en tu sueño durante este tiempo. Si has estado luchando contra el insomnio durante algún tiempo, va a llevar un tiempo recablear tu cerebro para que tenga una noche de buen sueño, así que no puedes esperar que estas técnicas funcionen la primera noche. Seis semanas es, por lo general, lo más rápido que se puede llegar a dominar estas técnicas, así que no apresures el proceso.

Algunas de las formas más comunes de TCC que se utilizan para tratar los trastornos del sueño son:

- **Control de estímulos**

Un estímulo es cualquier cosa que crea una respuesta en tu interior. Esta técnica tiene como objetivo asegurarse de que tienes una respuesta positiva a tu cama por la noche. Se suele utilizar para las personas que tienden a dar vueltas en la cama, incapaces de conciliar el sueño. Si esto ocurre constantemente durante varias noches, empiezas a frustrarte. Esto puede acabar provocando que teman la hora de acostarse, esperando que vayan a dar vueltas en la cama durante horas. La hora de acostarse y tu cama crearán una respuesta negativa contigo.

Así aprenderás a usar la cama solo para dormir y para el sexo. No debes ver la televisión, leer o hacer cualquier otra cosa mientras estás en la cama. Además, aprenderás que solo debes ir a la cama cuando tengas mucho sueño. Si no te duermes en 20 minutos, sal de la cama para hacer algo que te ayude a relajarte. Cuando vuelvas a tener sueño, vuelve a la cama. Con el tiempo, esto te ayudará a dormirte más rápidamente una vez que te metas en la cama. Tu respuesta a la cama y a la hora de dormir se volverá positiva.

- **Restricción del sueño**

Esto establecerá límites estrictos sobre la cantidad de tiempo que pasas en la cama cada noche. El límite inicial suele ser el mismo que la cantidad de horas de sueño que suele tener cada noche. En este caso, el límite inicial será de cinco horas de sueño, aunque el tiempo que pases en la cama sea de siete horas. Así, el límite inicial sería de cinco horas en la cama. Esto significa que es probable que duerma menos de cinco horas.

Este déficit de sueño te hará estar más cansado, pero también te ayudará a dormirte más rápido y a despertarte con menos frecuencia durante la noche. Esto te ayudará a tener un periodo de sueño sólido y un patrón de sueño estable. A medida que veas mejoras en tu sueño, tu límite se irá incrementando poco a poco.

- **Biorretroalimentación y entrenamiento de relajación**

El entrenamiento en relajación ayuda a aprender a calmar la mente y el cuerpo y a aliviar la tensión y la ansiedad. A la vez, se utiliza la biorretroalimentación. En este proceso intervienen el cerebro, la respiración, el corazón y los músculos. La biorretroalimentación le enseñará a subir y bajar diferentes señales de cómo está funcionando el cuerpo.

Para mejorar el sueño, se te enseña a cambiar las ondas cerebrales o la tensión muscular. Tienes que llevar un dispositivo que te indica la frecuencia de tus ondas cerebrales o el nivel de tensión muscular. A continuación, intentarás cambiarlo para poder conciliar el sueño.

- **Psicoterapia y control cognitivo**

Esto te ayudará a identificar las creencias y actitudes que podrían estar impidiéndote dormir bien. Dichos pensamientos negativos suelen estar relacionados con el estrés y las preocupaciones. Aprenderás a superar estos pensamientos negativos.

- **Higiene del sueño**

Este método te ayudará a corregir las cosas que haces cada día y que pueden afectar a tu sueño. La higiene del sueño se compone de consejos y hábitos básicos que pueden ayudarle a crear un patrón de sueño saludable. Las alteraciones del sueño suelen estar causadas por más de una cosa.

Diario del sueño

Lo primero que debes hacer es llevar un diario de sueño. Esto puede ayudarte a detectar las áreas problemáticas en las que tienes que trabajar. Para crear tu diario de sueño, todo lo que tienes que hacer es crear una tabla en un papel. En la parte superior, escribe los días de la semana. En la parte izquierda de la tabla, anota lo siguiente:

- Siestas - cada día, anotarás el número de siestas que has hecho.

- Hora de acostarse - cada día, anota a qué hora te acostaste.

- Hora de dormirse - anota a qué hora te has dormido realmente.

- Horas de estar despierto durante la noche - anota el número de veces que te has despertado esa noche.

- Hora de levantarse - anota a qué hora te has levantado por la mañana.

- Hora de levantarse de la cama - anota la hora a la que realmente te levantaste de la cama.

- Tiempo total de sueño - anota la cantidad de tiempo que realmente has dormido.

- Tiempo total en la cama - anota la cantidad de tiempo que pasaste en la cama, incluyendo el sueño.

- Eficiencia del sueño calculada - divide la cantidad de tiempo que pasaste dormido en minutos entre la cantidad de tiempo que pasaste en la cama en minutos.

- ¿Seguiste las pautas de control de los estímulos del sueño?

- ¿Utilizaste la relajación si era necesario?

- Pensamiento POSITIVO sobre el sueño.

Puede ser difícil de entender, pero hazlo lo mejor que puedas. Si tienes un smartwatch como un Apple o FitBit, pueden ayudarte a hacer un seguimiento de tu sueño y a rellenar tu diario de sueño.

Relajación muscular progresiva

Tener pensamientos negativos sobre tu insomnio solo empeorará el problema. Tienes que asegurarte de que puedes detener esos pensamientos negativos y convertirlos en positivos. Esto puede ser difícil de hacer. El estrés suele estar relacionado con la tensión muscular. Un ejercicio de relajación muscular progresiva puede ayudar a calmar la mente y el cuerpo. Este ejercicio puede ayudarle a conciliar el sueño.

Mientras estás acostado en la cama, recorre tu cuerpo desde los pies hasta la cabeza, tensando y relajando todos los músculos. Hazlo en el siguiente orden:

1. Pie derecho - tensa el pie curvando los dedos, y mantén hasta que no puedas más y suelta

2. Pie izquierdo y pie derecho - tensa ambos pies curvando los dedos, manteniendo hasta que no puedas más

3. Ambos pies y la pantorrilla derecha - repite el proceso de tensar y soltar.

4. Ambos pies y ambas pantorrillas

5. Grupos musculares anteriores, más la parte superior de la pierna derecha

6. Suma la parte superior de la pierna izquierda

7. Añade los glúteos - ahora estás tensando toda la parte inferior del cuerpo

8. Pies, piernas, glúteos y la parte baja de la espalda - asegúrate de no lesionarte la espalda mientras haces esto

9. Todos los grupos musculares anteriores, más la parte media de la espalda

10. Todos los grupos musculares anteriores, más la parte superior de la espalda

11. Añadir los hombros

12. Todos los grupos musculares anteriores, más la mano derecha

13. Añade la mano izquierda

14. Todos los grupos musculares anteriores, más todo el brazo derecho

15. Añade el brazo izquierdo

16. Añade el pecho

17. Toda la parte inferior del cuerpo, toda la parte superior del cuerpo, más el cuello

18. Todos los grupos musculares anteriores, más la cara

19. Todo el cuerpo al mismo tiempo

Este proceso debería durar entre cinco y diez minutos. También puedes poner música de relajación durante este tiempo.

Control de estímulos

Como ya hemos mencionado, quieres que tu cama y tu dormitorio te provoquen un sentimiento positivo sobre el sueño. Con el insomnio, esa asociación es probablemente negativa. Las siguientes reglas te ayudarán a cambiar el estímulo de tu cama y tu dormitorio.

1. Acuéstate y túmbate en tu cama solo cuando tengas sueño.

2. Cuando estés en la cama, no leas ni veas la televisión.

3. Una vez en la cama, si ves que no puedes dormirte en 20 minutos, levántate y vete a otra habitación. Quédate despierto el tiempo que sea necesario y vuelve a tu cama cuando vuelvas a sentir sueño.

4. Si sigues sin poder conciliar el sueño, repite el tercer paso. Hazlo tantas veces como sea necesario durante la noche.

Puede ser difícil salir de la cama cuando todo lo que quieres hacer es dormir, pero el objetivo es trabajar durante varias semanas para cambiar las conexiones que has creado en tu cerebro para ayudarte a ser un mejor durmiente.

Restricción del sueño

A pesar de que suene contradictorio, restringir la cantidad de sueño que tiene cada noche puede ayudarle a dormir más. Asegúrate de que durante este proceso no restrinjas tu sueño a menos de cinco horas. La restricción del sueño puede no ser una buena técnica para utilizar si tiene dolor crónico, trastorno convulsivo, trastorno bipolar u otras condiciones de salud.

Primeramente, hablemos de la eficiencia del sueño. Deberías rellenar esa sección en tu diario de sueño. La eficiencia del sueño muestra la cantidad de tiempo que estuviste dormido frente al tiempo que pasaste en la cama. Lo ideal es que su eficiencia del sueño esté en torno al 85%. Esto se calcula dividiendo el tiempo dormido por el tiempo en la cama y luego multiplicando por 100 para obtener el porcentaje.

Digamos que has rellenado tu diario de sueño así

Hora de acostarse - 10 PM

Me quedé dormido - 11 PM

Despierto - 2 AM a 3 AM

Me desperté - 7 AM

Sali de la cama - 8 AM

Pasas diez horas en la cama y siete horas durmiendo. Eso situaría tu eficiencia de sueño en un 70%. He aquí cómo hacer la restricción del sueño para mejorar esa cifra.

1. Lleva un diario de sueño durante dos semanas.

2. Establece una hora de despertar en función de la hora a la que tengas que levantarte durante el día y asegúrate de que la mantienes igual todos los días.

3. Calcula la media del tiempo total que pasas en la cama cada noche a partir de tu diario de sueño.

4. Limita el tiempo que pasas en la cama a esa media. Cuenta hacia atrás desde la hora en que te levantas para ver cuándo te metes en la cama. Eso significa que si necesitas levantarte a las ocho y tu número restringido es el 7, entonces te irías a la 1 de la madrugada.

5. Continúa llevando tu diario de sueño. Sigue con la hora restringida hasta que alcances una puntuación de eficiencia del sueño del 90% o más.

6. Una vez que alcances ese número, aumenta tu tiempo en la cama en 15 minutos. Esto significa que si tu hora de acostarte era la 1 AM, ahora serían las 12:45 AM.

7. No cambies esto durante cinco días. Si te quedas con un 90% de eficiencia, añade otros 15 minutos durante los siguientes cinco días.

8. Si tu eficiencia de sueño está entre el 85 y el 90%, no cambies el tiempo que pasas en la cama.

9. Si la eficiencia cae por debajo del 85%, disminuye el tiempo que pasas en la cama en 15 minutos.

Continúa este proceso hasta que descubras la mejor cantidad de tiempo que puedes pasar en la cama durmiendo para estar bien descansado. Podrían ser siete horas, por lo que deberías mantener tu tiempo en la cama en siete horas. Sin embargo, podrías descubrir que te va mejor cuando duermes nueve horas.

Capítulo 4

Trastornos del estado de ánimo

L a TCC es más conocida por su capacidad para ayudar en diversos trastornos del estado de ánimo. La TCC puede ayudar a tratar la depresión leve a moderada, la ansiedad y otros trastornos del estado de ánimo tan bien, si no mejor, que la medicación. También puede ayudar en los casos graves, pero es mejor hacerlo bajo la supervisión de un terapeuta altamente cualificado. La TCC también puede combinarse con otros tratamientos, como los antidepresivos y otros tipos de fármacos.

La TCC te ayuda a detectar los pensamientos negativos que afectan a tu estado de ánimo y te enseña a cambiarlos por otros positivos. Este cambio de actitud generará un cambio en sus acciones. Esto puede, a su vez, aliviar los síntomas de la depresión, la ansiedad, etc.

Si ves que te levantas cada mañana pensando: "¿De qué sirve intentarlo?". La TCC puede enseñarle a decirse a sí mismo: "Ese pensamiento no es útil. Hacer un esfuerzo tiene muchas recompensas. Empezaré por levantarme de la cama".

La TCC para la ansiedad es mucho más eficaz que la medicación debido al simple hecho de que los ansiolíticos tienden a ser adictivos y solo tratan el síntoma. La TCC y la terapia pueden ayudarte a descubrir las causas subyacentes de tus miedos y preocupaciones. También puede ayudarte a relajarte, a ver las situaciones desde una nueva perspectiva y a desarrollar mejores habilidades de afrontamiento.

En lo que respecta al trastorno bipolar, la TCC puede ayudarte a regularizar el sueño, ya que pasar demasiado tiempo en la cama suele desencadenar un episodio depresivo, o demasiado puede desencadenar la manía. También puede ayudar a identificar la impulsividad y el pensamiento hiperpositivo que pueden afectar a su pensamiento. La TCC puede ayudarte a retrasar la gratificación, a reducir la velocidad, a mantener la conciencia, a planificar actividades, a distanciarte del tirón de la manía y a ser más consciente de cómo pueden afectar tus acciones.

Habilidades de afrontamiento de la ansiedad

La ansiedad se caracteriza por una intensa preocupación y también puede ir acompañada de ataques de pánico. Hay ciertas técnicas de afrontamiento que puedes utilizar para calmar tu mente y tu cuerpo y ayudarte a volver a pensar con claridad.

1. Respiración profunda

La respiración profunda es un ejercicio sencillo que puede ayudarte a gestionar las emociones. La respiración profunda no solo es útil, sino que además es fácil y discreta, por lo que puedes hacerla en cualquier lugar y en cualquier momento.

Siéntate en una posición cómoda y pon la mano en el estómago para practicar la respiración profunda. Inspira profundamente por la nariz para sentir cómo se eleva la mano sobre el estómago. Mantén esa respiración en los pulmones y luego suelta lentamente el aire por la boca, con los labios fruncidos como si estuvieras respirando a través de una pajita. Para que tu respiración profunda sea más eficaz, ve despacio. Cuenta hasta cuatro mientras inspiras, mantén la respiración durante cuatro segundos y luego exhala contando hasta seis.

2. Relajación muscular progresiva

Mediante el acto de tensar y relajar los músculos, puedes alcanzar una poderosa sensación de relajación. Además, esta técnica puede ayudarte a detectar dónde se encuentra la ansiedad, ya que te enseña a detectar tus sensaciones de tensión.

Comienza por ponerte en una posición cómoda, sentada o recostada, y tensa el músculo de las zonas que se indican a continuación todo lo que puedas, pero sin llegar a forzarlo. Mantén esta posición durante diez segundos, notando cómo se siente. A continuación, libera esa tensión y observa cómo se siente la relajación en comparación con la sensación de tensión.

- Pies - Dobla los dedos de los pies hacia dentro y suéltalos.

- Pantorrillas - Flexiona o apunta los pies, y luego relájalos.

- Muslos - Aprieta bien las cosas y suéltalas.

- Torso - Mete la barriga hacia dentro y suelta la tensión.

- Espalda - Aprieta los omóplatos y suéltalos.

- Hombros - Levanta y aprieta los hombros hasta las orejas, y luego déjalos caer.

- Brazos - Cierra los puños y apriétalos hasta los hombros, y luego suéltalos.

- Manos - Cierra el puño y relájate.

- Cara - Aprieta la cara y relájala.

- Cuerpo entero - Aprieta todos los grupos musculares a la vez y luego suéltalos.

3. Cómo desafiar los pensamientos irracionales

La ansiedad hace un gran trabajo al magnificar los pensamientos irracionales. Por ejemplo, algo como "voy a cometer un error" o "va a pasar algo malo" puede carecer de pruebas, pero aun así influirá en cómo te sientes. Cuando examinas las pruebas y desafías esos pensamientos, puedes reducir tu ansiedad.

Una forma de hacerlo es poner tus pensamientos a prueba. Elige un pensamiento que te haya causado ansiedad. Reúne toda la información que puedas en apoyo del pensamiento. Deben ser solo hechos verificables, y luego reúne información en contra de tu pensamiento. Compara tus pruebas y averigua si tu pensamiento es correcto o no.

Otra opción es el cuestionamiento socrático. Se trata de cuestionar tu pensamiento preguntándote cosas como

- "¿Mi pensamiento se basa en un sentimiento o en un hecho?"

- "¿Cómo vería mi mejor amigo esta situación?"

- "¿Qué probabilidad hay de que mi miedo se haga realidad?"

- "¿Qué es lo más probable que ocurra?"

- "Si mi miedo se hace realidad, ¿importará una semana, un mes o un año después?"

4. Imágenes

Los pensamientos pueden ayudarte a cambiar lo que sientes. Si piensas en algo triste, es muy probable que empieces a sentirte triste. Lo contrario también es cierto. Puedes pensar en algo feliz y empezar a sentirte feliz.

Recuerda un lugar que te resulte reconfortante. Puede ser la cima de una montaña tranquila, tu habitación, una playa aislada o incluso un concierto. Durante unos cinco o diez minutos, utiliza todos tus sentidos para imaginarlo con el mayor detalle posible. Tienes que imaginarte realmente este lugar. ¿Qué cosas puedes ver? ¿Qué cosas puedes oír? ¿Qué puedes saborear? ¿Estás comiendo o bebiendo algo? ¿Qué puedes sentir? ¿Cómo es la temperatura? ¿Qué puedes oler?

Decatastrofización

Las distorsiones cognitivas son tipos de pensamientos irracionales que pueden acabar influyendo en cómo te sientes. Todo el mundo tendrá algún tipo de distorsión cognitiva. Es completamente normal. No obstante, cuando estas distorsiones se vuelven demasiado extremas, o tienes demasiadas, pueden perjudicarte.

Una de las formas más comunes de distorsión cognitiva se conoce como catastrofismo. Cuando se catastrofiza, se exagera la importancia de un problema o se piensa en el peor resultado posible; si se aprende a cuestionar los pensamientos, se pueden corregir estas distorsiones. La próxima vez que experimentes catastrofismo, responde a lo siguiente.

¿Qué te preocupa actualmente?

_____

_____

_____

¿Qué posibilidades hay de que tu preocupación se haga realidad? Escribe algunos ejemplos de experiencias pasadas o algún tipo de prueba que apoye tu respuesta.

_____

_____

_____

Si tu preocupación se hiciera realidad, ¿qué es lo peor que podría pasar?

_____

_____

_____

Si tu preocupación se hiciera realidad, ¿qué es lo más probable que ocurra?

_____

_____

_____

Si tu preocupación se hace realidad, ¿qué posibilidades hay de que estés bien?

- ¿En una semana? _%

- ¿En un mes? _%

- ¿En un año? _%

Señales de advertencia del trastorno bipolar

Para controlar tu trastorno bipolar, te conviene conocer los signos de advertencia. Se trata de pequeñas pistas que te van a avisar y te permitirán saber si te estás preparando para experimentar un episodio maníaco o depresivo. Si puedes detectar un episodio inminente antes de que se apodere de ti, podrás prepararte, buscar ayuda y minimizar el daño.

Para averiguar las señales de advertencia, responde a las siguientes preguntas sobre las señales de advertencia de la depresión y las señales de advertencia de la manía.

¿Cómo cambian tus sentimientos?

Depresión:

_____

_____

Manía

_____

_____

¿Cómo cambian tus pensamientos?

Depresión:

Manía:

¿Cómo te comportas de forma diferente?

Depresión:

Manía:

¿Notas algún otro cambio?

Depresión:

_____

_____

Manía:

_____

_____

———◆———

Cómo desafiar los pensamientos ansiosos

La ansiedad, a veces, puede ser saludable. Es saludable cuando te obliga a centrarte en tus problemas y a trabajar para resolverlos. Pero puede crecer sin control, y es entonces cuando hace lo contrario. Puede paralizar nuestra capacidad para solucionar los problemas. Cuando esto empieza a suceder, los pensamientos irracionales tienden a jugar un gran papel.

En este ejercicio, aprenderás a detectar tus pensamientos irracionales y a sustituirlos por otros racionales. Con la suficiente práctica, esto se convertirá en algo natural y puede ayudarle a controlar su ansiedad

Describe una situación que suele desencadenar tu ansiedad.

_____

_____

_____

_____

La ansiedad distorsiona nuestra forma de pensar, ya que nos hace sobrestimar las posibilidades de que algo salga mal e imaginar las posibles consecuencias como algo mucho peor de lo que realmente es. En ocasiones, dedicar unos minutos a pensar en estas cosas puede ayudarnos a detectar esos pensamientos irracionales.

Imagina que tienes que enfrentarte a una situación que te produce ansiedad como la que has enumerado anteriormente. Describe...

El peor resultado:

_____

_____

_____

El mejor resultado:

_____

_____

_____

El resultado probable:

_____

_____

_____

Imagina que el peor resultado acaba haciéndose realidad. ¿Todavía va a importar...

Dentro de una semana:

_____

_____

_____

Dentro de un mes:

_____

_____

_____

Dentro de un año:

_____

_____

_____

Normalmente, tus pensamientos ansiosos se centrarán en el peor resultado, aunque no sea probable que ocurra. Por ejemplo, una persona que tiene miedo de dar un discurso podría pensar: "Voy a olvidar lo que tengo que decir y me avergonzaré a mí mismo, y nunca lo superaré".

Como observador, sabemos que una alternativa más racional a ese pensamiento sería: "Puede que mi discurso esté bien, pero si lo estropeo, todo el mundo lo va a olvidar".

Utilizando el peor resultado y el resultado probable de arriba, describe tu...

Pensamiento irracional:

_____

_____

_____

Pensamiento racional:

_____

_____

_____

———◆———

Diario positivo

Todos los días se produce una combinación de experiencias malas y buenas. Por desgracia, nuestro cerebro tiende a centrarse más en las malas experiencias y a descartar todas las cosas buenas que han ocurrido. Es probable, por ejemplo, que recordemos más esa única interacción incómoda que los cientos de interacciones normales que hemos tenido.

Para este ejercicio, lo único que tienes que hacer es escribir al menos tres experiencias positivas que tengas cada día. Estas cosas pueden ser minúsculas, pero te ayudarán a mejorar tu estado de ánimo.

Capítulo 5

TDAH

H ay mucho interés y confusión sobre la TCC y su uso para ayudar a los adultos que tienen TDAH. La TCC se centra en los comportamientos y pensamientos que se producen durante el día. Se trata de un enfoque diferente del tipo normal de terapia psicodinámica y psicoanalítica. En ellas se trata de reprocesar y recapturar las experiencias de la infancia que han causado problemas emocionales. Una de las diferencias con la TCC es que está orientada a los objetivos, y los métodos utilizados serán claramente establecidos y tienen que ser medidos para cada persona.

Cómo ayuda la TCC a los adultos que tienen TDAH

La TCC puede ayudar a los adultos con TDAH de varias maneras. En primer lugar, la TCC se ha desarrollado especialmente para los adultos que tienen TDAH. Hay programas que tratan de ayudar a los adultos a superar las dificultades con las funciones ejecutivas de su vida que necesitan para gestionar su tiempo, organizarse y luego planificar objetivos a largo plazo. Otros se centran en la regulación de las emociones, la gestión del estrés y el control de los impulsos.

Se ha establecido que los adultos que tienen TDAH sufren trastornos depresivos y de ansiedad. Un gran estudio descubrió que alrededor del 51% de los adultos que tienen TDAH sufrían de ansiedad, y alrededor del 32% sufrían de depresión. Por ello, la TCC puede ser muy útil para los adultos que tienen TDAH, aunque no ha sido diseñada principalmente para abordar las deficiencias y los síntomas asociados al TDAH.

La terapia que aborda la disfunción ejecutiva entra en esta categoría, ya que utiliza cogniciones más adaptativas sobre las formas de organizar, planificar, etc. También se imparten más habilidades conductuales. Un ejemplo de cognición adaptativa es instruirse para "dividir las tareas desagradables o complejas en piezas más manejables". Algunos ejemplos de habilidades conductuales podrían ser la implementación de un sistema de archivo o el uso de una agenda diaria. Los comportamientos y pensamientos positivos pueden reforzarse mutuamente. A medida que una persona mejora en la gestión de su tiempo, tendrá más cogniciones y creencias sobre sí misma. Estas le ayudarán a mantener y generar mejores comportamientos.

TCC y medicamentos

Se han estudiado tanto los medicamentos no estimulantes como los estimulantes para tratar el TDAH en adultos. La investigación que han realizado hasta ahora muestra que la TCC puede ser beneficiosa tanto si la persona está como si no está tomando ninguna medicación. No se han hecho comparaciones directas entre los medicamentos y la TCC. Sin embargo, las experiencias clínicas sugieren que tienen diversos efectos: Aunque los medicamentos pueden ayudar a controlar los principales síntomas de distracción, impulsividad y falta de atención, la TCC es mejor a la hora de aumentar las habilidades y hábitos necesarios para el autocontrol. También podría ayudar a mejorar la regulación interpersonal y emocional.

Plan de atención al TDAH

Los adultos con TDAH pueden tener dificultades para concentrarse en tareas importantes. Esto puede hacer que se sientan abrumados, se distraigan, dejen las cosas para más tarde o simplemente se olviden por completo. La TCC puede enseñarles habilidades prácticas para resolver estos problemas.

Este ejercicio combina habilidades prácticas en un sencillo proceso de planificación. Los pacientes elegirán una tarea que tengan que terminar, la dividirán en partes más pequeñas y luego programarán los momentos en los que prestarán toda su atención a la tarea. Por último, visualizarán todos los beneficios que obtendrán una vez que terminen la tarea. Esto contrarrestará su tendencia a centrarse en los procesos de la tarea, que podrían ser indeseables o difíciles, en contraposición a todos los resultados positivos.

Este ejercicio es una buena forma de introducir al paciente en las habilidades básicas de gestión del tiempo y organización. Con algo de práctica, los clientes podrían optar por "graduarse" de este ejercicio a una simple entrada en el planificador que cubra los puntos principales en un formato mejor.

1. Define la tarea

Escribe una tarea que tengas que terminar esta semana. Por ejemplo: "limpiar la casa porque vienen mis padres."

_____

_____

_____

2. Divide la tarea en partes más pequeñas

Cuando divides una tarea grande en otras más pequeñas, parece que es más manejable. "Limpiar la casa" puede parecer una tarea excesiva, pero "lavar los platos" o "hacer la colada" es mucho más fácil. Haz dos columnas y, en el lado izquierdo, escribe todas las partes de la tarea, y en el lado derecho, escribe cuánto tiempo te llevará hacer cada trabajo.

---

3. Haz un calendario

Asigna a la tarea un tiempo determinado o añádela a una actividad diaria normal como: "Poner una carga de ropa en la lavadora cuando llegue a casa del trabajo". Planifica la forma en que te acordarás de hacer esta tarea como: "poner un recordatorio en mi teléfono".

---

4. Prepárate para la tarea

Debes hacer una lista de las formas en que debes prepararte para realizar la tarea antes de su hora prevista.

- Deshazte de las distracciones: Enumera todas las distracciones de las que debes deshacerte antes de empezar esta tarea, como apagar la televisión o poner el teléfono en silencio.

- Planifica las distracciones que no puedes evitar

Haz algunos planes "si" y "entonces" para las distracciones que puedan ocurrir como "Si mi amigo llama, entonces le diré que le llamaré en diez minutos".

- Suministros y materiales

Haz una lista de todos los artículos que vas a necesitar para terminar la tarea en cuestión, como detergente para la ropa, esponjas, jabón para platos, etc.

- Prepárate físicamente

Anota todas las acciones que debes realizar para estar preparado para la tarea, como comer un bocadillo, llegar a casa a tiempo o vestirte adecuadamente.

_____

_____

_____

5. Visualiza el resultado

La mayoría de la gente no piensa en todos los sentimientos positivos que pueden surgir al terminar una tarea que ha estado postergando. Enumera todos los beneficios de terminar la tarea y la forma en que te sentirás gracias a ella.

_____

_____

_____

Gestión del TDAH

El TDAH no solo implica tener problemas en el trabajo; también puede contribuir a una menor autoestima, problemas en una relación romántica y, posiblemente, accidentes de tráfico. La buena noticia es que "un poco puede llegar muy lejos" en el tratamiento del TDAH. Para algunas personas, el mero hecho de ser conscientes de sus puntos débiles y crear estrategias que los contrarresten podría dar lugar a grandes mejoras.

El siguiente ejercicio describe cinco habilidades que pueden ayudar a las personas que tienen TDAH. Dichas habilidades pueden incluir: llevar un estilo de vida saludable, crear un buen entorno, organizarse y mantenerse organizado, reservar tiempo para tus relaciones y crear una estructura. Cada sección describirá la importancia de la habilidad y algunos consejos para usarla con éxito.

Me gustaría destacar que este ejercicio tiene mucho contenido. Puede resultar un poco abrumador si tratas de hacer demasiadas cosas a la vez. Intenta elegir una o dos secciones y céntrate en ellas durante una hora.

Aunque no existe una cura para el TDAH, algunas personas descubren que pueden controlar sus síntomas con algo de esfuerzo y práctica. Ser diagnosticado de TDAH no es el fin del mundo. No te convierte en un mal compañero ni significa que no puedas tener una buena carrera. Tu camino para conseguir estos objetivos puede ser diferente al de otra persona.

A continuación encontrarás algunas soluciones a los retos que podrías estar afrontando con el TDAH. Puedes utilizar esta herramienta como punto de partida para pensar en las áreas en las que quieres crecer y luego empezar a dar soluciones a esos problemas.

Creación de estructura

Los síntomas del TDAH se pueden controlar con una rutina y una estructura. Si no tenemos una estructura, nuestras obligaciones diarias pueden resultar abrumadoras y confusas, o simplemente podemos olvidarnos de ellas. Tener una rutina puede ayudarte a concentrarte en una sola cosa sin que haya lugar para las distracciones.

Hay que reservar tiempo para cada cosa. Intenta crear el hábito de comer, dormir, trabajar y relajarte a la misma hora exacta cada día. Esto puede ayudarte a cumplir con todas tus tareas diarias. Al principio puede ser un poco difícil mantener esta rutina, pero con algo de tiempo y práctica, te acostumbrarás a ella y será algo natural para ti.

- Nunca seas demasiado ambicioso: tener una rutina realista es mucho mejor que tener una perfecta. Fíjate en este ejemplo: reservar sesiones de estudio de 30 minutos puede ser más productivo que intentar hacer una sesión de tres horas.

- Prioriza las grandes tareas como el trabajo, las comidas y el sueño. Estas se conocen como "anclas". El resto del día gira en torno a ellas. Añade a estas anclas tareas más pequeñas como "voy a dar un paseo después de cenar".

- A mucha gente le preocupa que tener un día estructurado sea aburrido. El hecho es que solo es aburrido si tú lo haces aburrido. Añade algunas actividades divertidas a tu rutina diaria y reserva algo de tiempo para poder seguir siendo espontáneo.

- Cuando empieces con este nuevo estilo de vida, anota todo y ponte alarmas. Recuerda poner las alarmas un par de minutos antes para que te dé tiempo a prepararte para cada tarea.

Dedica tiempo a tus relaciones

Puede haber momentos en los que los síntomas del TDAH te hagan parecer despreocupado e indiferente, aunque no sea el caso. A algunas personas les puede resultar difícil no interrumpir a otras, quedarse quietas mientras escuchan sin encontrar otras cosas que hacer. Es posible que te olvides de un aniversario o un cumpleaños porque has estado haciendo malabarismos con muchas responsabilidades. No importa con qué estés luchando, y tienes que reservar algo de tiempo para tu relación.

Si tienes problemas para centrarte en tu pareja después de un largo día de trabajo, programa algunos periodos de tiempo cortos en los que no harás nada más que escucharle. Este tiempo no tiene por qué durar más de diez minutos. Pon un temporizador y aparta el teléfono. Presta a tu pareja el 100% de tu atención. Tener diez minutos buenos es mucho mejor que tener veinte minutos malos. Pero tu pareja debe estar de acuerdo contigo en esto. Si no está de acuerdo, vas a estar sentado hablando solo.

Para algunas parejas, no tener suficiente entendimiento es un gran problema. Tómate un tiempo para hablar con tu pareja sobre tu TDAH y pídele que investigue sobre la enfermedad para que pueda entenderte mejor. Algunos terapeutas están dispuestos a reunirse con tu pareja para responder a cualquier pregunta que pueda tener, darte algo de educación y ayudar a cubrir el vacío.

No olvides mantener tu relación con las personas que no ves a diario. Haz también recordatorios para otras ocasiones especiales. Programa algunas llamadas telefónicas a familiares y amigos.

Mantente organizado

El desorden es el enemigo del TDAH. Mientras pasa de una tarea a otra, los proyectos que no ha terminado pueden apoderarse de su espacio mental y físico. Esto puede dar lugar a distracciones y a la posibilidad de que olvides o pierdas algo.

- Haz listas de tareas. Empieza por los elementos más fáciles y rápidos para poder ver un progreso rápido.

- Asegúrate de que tu espacio de trabajo esté limpio. Retira todo de tu mesa, excepto lo que estés trabajando en este momento. Además, date cinco minutos más al final para organizar tu escritorio para el día siguiente.

- Deshazte de los papeles viejos, la ropa, las chucherías u otras cosas que no necesites en tu oficina o en tu casa. Si llevas cinco años guardando cosas solo porque "podrías necesitarlas", es hora de deshacerte de ellas.

- Si aparece una tarea que solo te va a llevar 30 segundos, y no estás en medio de algo importante, hazla inmediatamente. Ahora puedes tacharla de tu lista de tareas pendientes.

Crea un entorno que sea tuyo

¿Qué cosas te ayudan a concentrarte? ¿Qué te hace perder la concentración cuando estás trabajando? Las personas con TDAH necesitan muchos estímulos. Normalmente trabajan mejor en lugares donde hay mucho ruido y vibración. Otras personas necesitan todo lo contrario, nada de teléfonos, nada de televisores, nada de sonidos, solo la tarea que tienen entre manos. Encuentra todo lo que necesitas y crea un entorno que se adapte a ti.

- Si necesitas actividad y ruido
  - Programa descansos regulares para dar un paseo. Pon un temporizador mientras caminas para saber cuándo tienes que volver al trabajo.

- o Si tu oficina es aburrida, prueba a colgar algunos cuadros que te gusten y que la animen. Añade colores, fotos y cualquier otra cosa que te estimule.

- o Escucha música, sube el volumen de la televisión o sintoniza algo que te interese.

- Si necesitas tranquilidad

  - o Apaga la televisión, cierra la puerta, cierra los correos electrónicos. Limita todas las molestas distracciones que parecen aparecer cuando estás trabajando.

  - o Designa una zona de tu casa para tu oficina, aunque solo sea un pequeño rincón, y elimina todas las distracciones.

  - o Si tu oficina es ruidosa, utiliza auriculares con cancelación de ruido para eliminar todos los ruidos de fondo.

- Estilo de vida saludable

El sueño, la nutrición y el ejercicio sin estas cosas, te será muy difícil conseguir el control de tu TDAH, y no importará las medidas que intentes tomar. Incluso una persona que no tenga TDAH se inquietará si no hace ejercicio. Siguen distraídos sin dormir ni comer. Todos los efectos perjudiciales se ven magnificados por tu TDAH.

Encuentra un ejercicio que te guste hacer. Incluso caminar durante 30 minutos puede tener un buen impacto en tu salud. Si te gusta participar en deportes, son una buena salida si te gustan las descargas de adrenalina.

Dormir es diferente para cada persona. Ocho horas cada noche suelen ser suficientes para la gente normal, pero algunas personas necesitan más, y otras pueden no necesitar tanto. Adopte una rutina estable y manténgala incluso los fines de semana.

La información sobre lo que hace una buena nutrición para el TDAH no está del todo clara, pero la mayoría de la gente cree que una dieta alta en proteínas y baja en azúcares podría ayudar. Es importante asegurarse de hacer varias comidas a lo largo de un día bien equilibrado. Las comidas planificadas pueden ser una buena manera de mantener tu rutina.

Capítulo 6

Ira

L a ira es una de las emociones más extremas que puede experimentar el ser humano. Cuando tenemos formas sanas de controlar nuestra ira, ésta nos ayuda a mantener unos límites saludables y a conseguir más cosas. Cuando no podemos controlar nuestra ira, se vuelve destructiva y puede causar daños y dolor innecesarios a nosotros mismos y a los demás. La TCC puede ayudar a las personas a controlar mejor su ira y a canalizarla en algo positivo.

Algunos de los beneficios más comunes del uso de la TCC para la ira son:

- Aprender cómo se puede expresar la respuesta natural de la ira de forma saludable.

- Aprender diferentes técnicas de gestión de la ira que te ayudarán a expresarte de forma asertiva y a mantener el control.

- Aprender el poder positivo de la ira y cómo utilizarla para mejorar tu bienestar y tus relaciones.

- Sustituir las acciones de ira inútiles por formas de comunicación útiles.

- Aprender a reducir los desencadenantes abrumadores que provocan una reacción de ira.

- Descubrir la causa principal de tu ira, que alimenta innecesariamente la intensidad de la misma.

Utilizando estas técnicas de TCC, finalmente descubrirás que comprendes mejor tus desencadenantes y previenes los estallidos de ira. Una vez que comprendas bien los desencadenantes y la causa de tu ira, podrás empezar a aprender qué técnicas funcionan mejor para calmarla.

Desencadenante

Un desencadenante es un estímulo, como una cosa, persona, situación o lugar, que provoca una respuesta conductual o emocional no deseada.

El problema: Describe el problema al que se suman tus desencadenantes. ¿Qué es lo peor que puede pasar si te expones a un desencadenante?

_____

_____

Categorías de desencadenantes: Casi todo tiene la posibilidad de convertirse en un desencadenante. Para empezar a explorar tu desencadenante, piensa en las siguientes categorías. ¿Hay alguna emoción que actúe como desencadenante? ¿Qué tal un lugar o una persona? Haz una lista de tus respuestas.

Estado emocional:

_____

_____

Personas:

_____

_____

_____

Lugares:

_____

_____

_____

Cosas:

_____

_____

_____

Pensamientos:

_____

_____

_____

Actividades/Situaciones:

_____

_____

_____

Ahora que ya tienes una idea de tus factores desencadenantes, vamos a repasar la elaboración de un plan para hacer frente a tus tres mayores factores desencadenantes. Revisa tu plan regularmente y asegúrate de practicarlo.

Describe tus tres principales desencadenantes

Utiliza muchos detalles para describir cuáles son tus tres principales desencadenantes.

_____

_____

_____

_____

_____

Describe una forma de evitar o reducir la exposición al desencadenante

_____

_____

_____

_____

_____

Describe una estrategia para afrontar cada uno de los desencadenantes cara a cara, cuando no puedes evitarlos

_____

_____

_____

_____

_____

Cuando la ira se convierte en un problema

En pequeñas dosis, la ira es una emoción sana, apropiada y normal. Todo el mundo experimentará ira en algún momento. Nos permite defendernos cuando alguien nos ha hecho daño y protege nuestras necesidades. No obstante, hay muchas ocasiones en las que la ira puede tener consecuencias negativas. A continuación, repasaremos algunos ejemplos de cómo la ira puede resultar perjudicial.

La ira se convierte en un problema cuando empieza a afectar negativamente a los demás. La ira hace que una persona quiera actuar de forma perjudicial o desagradable para las personas que nos rodean. Esto puede hacer que se tensen o se pierdan relaciones importantes. Puede ser difícil mantener una relación sana cuando la ira se vuelve incontrolable.

Según la afirmación anterior de que tu ira afecta negativamente a los demás, ¿en qué medida se aplica a ti?

- No del todo
- Un poco
- Mucho

¿De qué manera ha impactado tu ira en los demás?

_____

_____

_____

_____

La ira se convierte en un problema cuando te impide rendir bien en la escuela o el trabajo. La ira puede provocar fallos en la comunicación, lo que dificulta el trabajo con los demás. Además, estar preocupado por tu ira puede perjudicar tu capacidad de concentración en la tarea.

¿En qué medida se aplica esta afirmación a ti?

- No del todo
- Un poco
- Mucho

¿De qué manera tu ira ha afectado negativamente a tu rendimiento escolar o laboral?

_____

_____

_____

_____

_____

La ira se convierte en un problema cuando tiene un impacto negativo en su bienestar o salud. La ira puede afectar a su salud emocional y física. Desde el punto de vista físico, la ira puede contribuir a problemas como los infartos y la hipertensión. Emocionalmente, la ira puede provocar el consumo de drogas y alcohol, ansiedad y depresión.

¿En qué medida esta afirmación se aplica a ti?

- No del todo
- Un poco
- Mucho

¿De qué manera tu ira ha afectado negativamente a tu salud emocional o física?

_____

_____

La ira se convierte en un problema cuando es demasiado intensa. Incluso cuando tu ira está justificada, puede ser un problema si va demasiado lejos. Por ejemplo, la agresión física puede tener consecuencias graves, como daños físicos a ti mismo o a otros, problemas legales o daños a la propiedad. Un arrebato verbal desproporcionado a una situación puede hacer que pierdas tu trabajo, dañar permanentemente una relación o tener otras consecuencias graves.

¿En qué medida esta afirmación se aplica a ti?

- No del todo
- Un poco
- Mucho

¿Cuándo fue la última vez que experimentaste una ira extrema?

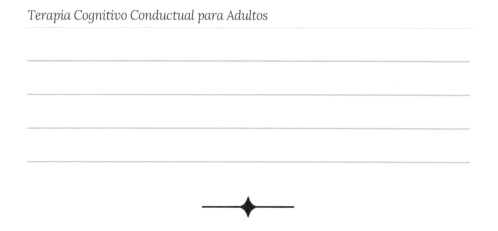

Habilidades de afrontamiento

La primera habilidad de afrontamiento de la ira es ser consciente de tus desencadenantes. Los desencadenantes son los que te hacen estallar, y conocerlos y ser precavido cuando estés cerca de ellos reducirá las posibilidades de que tu ira se descontrole.

Cómo puedes utilizar tus desencadenantes para ayudarte:

1. Elabora una lista de todos tus desencadenantes y léela cada día. Repasar tus desencadenantes te permite tenerlos presentes, lo que aumenta la posibilidad de que te des cuenta de ellos antes de que te causen un problema.

2. A menudo, la mejor manera de manejar un desencadenante es asegurarse de evitarlo. Esto podría significar hacer cambios en tu rutina, vida o relaciones.

3. Dado que no siempre puede evitar los desencadenantes, tener un plan para cuando se enfrente a ellos ayuda. Por ejemplo, evite las conversaciones delicadas cuando se sienta molesto, cansado o hambriento.

A continuación, puedes practicar la respiración profunda.

La respiración profunda es una de las técnicas más sencillas que pueden ayudarte a gestionar tus emociones. No solo es eficaz, sino que es discreta y puedes realizarla estés donde estés.

Para realizar la respiración profunda, siéntese en una posición cómoda y coloque una mano en el estómago. Inspira profundamente por la nariz hasta contar cuatro, sintiendo que la mano se eleva. Mantenga esta respiración en la parte superior durante una cuenta de cuatro. A continuación, suelta la respiración por la boca y cuenta hasta seis, sintiendo que la mano cae.

Sería útil que también llevaras un registro de la ira.

Después de experimentar la ira, tómate un tiempo para registrar cómo fue tu experiencia. Esto te ayudará a detectar patrones, desencadenantes y señales de advertencia, a la vez que mantendrás tus pensamientos organizados.

1. ¿Qué ocurrió antes de que te sintieras enfadado? Describe cómo te sentías y qué pasaba por tu mente. ¿Estabas estresado, hambriento o cansado?

2. Describe exactamente lo que ha ocurrido. ¿Qué acontecimiento lo desencadenó? ¿Cómo respondiste y cambió tu reacción a medida que la situación continuaba?

3. ¿Qué sentimientos y pensamientos tuviste durante el episodio? Mirando hacia atrás, ¿ves las cosas de forma diferente a como las veías en el calor del momento?

También puedes utilizar las distracciones.

El objetivo de las distracciones es darte un poco de tiempo. Si puedes distraerte durante solo 30 minutos, tendrás más posibilidades de afrontar tu ira de forma saludable. También puedes volver a tu fuente de ira más tarde. Simplemente estás dejando de lado el problema por ahora. Entre las diferentes distracciones se encuentran:

- Reorganizar una habitación
- Jugar con su mascota
- Hacer fotos

- Ir de excursión

- Tocar un instrumento

- Llamar a un amigo

- Hacer ejercicio

- Jugar a un juego

- Escribir

- Bañarse

- Cocinar

- Hacer una manualidad

- Hacer trabajos de jardinería

- Limpiar

- Escuchar música

- Dar un paseo

- Leer

- Ver una película

También puedes darte un tiempo muerto.

Los tiempos muertos son una gran herramienta para las relaciones en las que los desacuerdos provocados por la ira crean problemas. Cuando una persona pide un tiempo muerto, ambas se comprometen a alejarse del problema y a volver cuando ambos se hayan calmado.

1. Tú y tu pareja tienen que planear exactamente la forma en que funcionarán los tiempos muertos. Todo el mundo tiene que entender la razón de ser del tiempo muerto. Es decir, que quieras calmarte y evitar el problema.

2. ¿Qué vas a hacer durante el tiempo muerto? Planifica algo en diferentes lugares. La lista de distracciones anterior es un buen punto de partida.

3. Planea volver al tema en cuestión en 20 minutos o una hora. Los problemas importantes nunca deben ser ignorados por completo, pero nada bueno sucederá con una discusión explosiva.

Por último, es importante conocer las señales de advertencia de la ira. Tu cuerpo te indicará cuándo estás experimentando ira. Las señales de advertencia más comunes son:

- Quedarse callado
- Malestar estomacal
- Lenguaje corporal agresivo
- Dejar pasar el tiempo
- El uso de insultos verbales

- Levantar la voz

- Volverse argumentativo

- Dolores de cabeza

- Apretar los puños

- Sentirse acalorado o ponerse rojo

- No se puede dejar de lado el problema

- Sudar

Capítulo 7

TOC

El TOC, o trastorno obsesivo-compulsivo, es probablemente una de las cosas más populares que se pueden decir que se tienen sin padecerlo realmente. Es muy común escuchar a una persona decir "¡soy tremendamente obsesiva compulsiva!" cuando se refiere al hecho de que le gusta tener las cosas de una determinada manera. Sin embargo, para tener realmente un TOC, se van a tener síntomas mucho más graves. El TOC es frustrante y aterrador y, por definición, es perjudicial y requiere mucho tiempo. El hecho de que te guste mantener la casa limpia no significa que tengas un TOC.

El TOC requiere dos cosas: obsesiones y compulsiones. Las obsesiones se caracterizan por imágenes, impulsos o pensamientos de los que no te puedes librar. Son indeseables e intrusivos, y hacen que empieces a sentir ansiedad, dudas y vergüenza. Algunas de las obsesiones más comunes son:

- Miedo a dañar a otros o a uno mismo
- Preocupación por la moralidad o por molestar a Dios
- Preocupación excesiva por la exactitud o la regularidad
- Miedo a perder el control
- Pensamientos violentos o sexuales no deseados
- Miedo a la contaminación

Las compulsiones se caracterizan por ser acciones repetitivas que la persona siente que tiene que realizar y suelen ser una respuesta a las obsesiones. Las personas realizan sus compulsiones con la esperanza de librarse de la ansiedad. Las compulsiones más comunes son:

- Comprobar excesivamente que no se ha cometido ningún error
- Repasar mentalmente algo una y otra vez

- Reorganizar las cosas hasta que se sientan bien

- Repetir ciertas actividades un número determinado de veces

- Asegurarse mentalmente de que todo está bien

- Lavar o limpiar en exceso

Durante el tratamiento, hay que encontrar y romper ese ciclo. Un tipo de tratamiento es la terapia de exposición. Al igual que las que se basan en la percepción y en la búsqueda de la causa raíz, algunos tipos de psicoterapia pueden crear más daños que beneficios cuando se trata del TOC. Lo único que hace es poner más atención en sus compulsiones y obsesiones sin ayudarles a manejarlas.

En el caso de la terapia de exposición, se le expone a las cosas que le causan ansiedad y luego aprende a abstenerse de sus acciones compulsivas. Esto ayuda a romper el ciclo sin causar un estrés excesivo.

Antes de empezar la terapia de exposición, tienes que identificar tus obsesiones, compulsiones y fuentes de ansiedad específicas. Esto requerirá un poco de autoexploración. Intente centrarse en las cosas que intenta evitar. La jerarquía de exposición que vas a realizar a continuación te servirá de hoja de ruta. Tomarás esas cosas y trabajarás de la menos difícil a la más difícil para ayudar a deshacerte de tus obsesiones y compulsiones.

Si tu TOC es extremo y la más mínima cosa provoca un desencadenante, este proceso debe realizarse para la seguridad de los terapeutas. Allí pueden ayudarte a elaborar una narrativa sobre la exposición a tu desencadenante. Esto significa que no tendrás que enfrentarte al desencadenante físicamente, pero la historia seguirá provocando que trabajes para no realizar tu compulsión. Esta es la forma más segura de trabajar hasta llegar a enfrentarse realmente al desencadenante. La imaginación es solo un paso para trabajar en la terapia.

Supongamos que tienes una compulsión mental en lugar de una física, como el conteo interno, las oraciones, la seguridad en ti mismo, etc. En ese caso, puede ser un poco más difícil de controlar durante su terapia de exposición. Estas compulsiones tienden a ser automáticas y casi involuntarias.

Una de las primeras cosas que puedes intentar es distraerte, pero esto es solo una forma de evitación y no te librará del problema. En su lugar, tendrás que aprender a estropear tus compulsiones mentales exponiéndote a lo que desencadena tus pensamientos.

Por ejemplo, si las conversaciones te provocan mucha ansiedad, después puedes repasar mentalmente la conversación, intentando encontrar pruebas de que actuaste con normalidad. Puedes estropear este proceso sustituyendo tus pensamientos compulsivos por una alternativa, como "puede que haya hecho el ridículo durante la conversación".

Jerarquía de exposición para el TOC

Lo que hay que hacer es elaborar una lista de situaciones que provocan ansiedad, empezando por las más angustiosas y terminando por las menos. Seguidamente, clasifica cada una de ellas en una escala del uno al diez, siendo el uno el que no te angustia en absoluto y el diez el que te angustia más.

Una vez hecho esto, vas a empezar a exponerte intencionadamente a estas situaciones angustiosas. Empezando por el final de la lista, con las cosas menos angustiosas, elige una situación que quieras practicar durante una semana. Escríbela:

_____

_____

_____

_____

Deberás intentar asegurarte de experimentar esa cosa al menos una vez al día durante toda una semana. Tienes que abstenerte de cualquier compulsión que quieras hacer una vez que te expongas a la obsesión durante al menos dos horas. Cada día, califica lo difícil que fue completar ese ejercicio. Utiliza una escala del uno al diez, siendo el uno muy fácil de hacer y el diez muy difícil. Califica cada día a continuación.

- Lunes

- Martes

- Miércoles

- Jueves

- Viernes

- Sábado

- Domingo

Al final de la semana, tómate un momento para escribir cualquier cosa que hayas aprendido al hacer esto.

_____

_____

_____

_____

Si crees que necesitas seguir trabajando en esta situación angustiosa, pasa otra semana trabajando con ella. Si sientes que has superado el miedo a esta situación, puedes pasar a la siguiente situación angustiosa. Tu ansiedad sobre algo no tiene que ser nula antes de pasar a otra cosa, pero debes asegurarte de que la siguiente tarea te parezca manejable sin dejar de ser un reto.

Capítulo 8

Trastornos de la alimentación

Vamos a empezar con un ejemplo. Una mujer, a la que llamaremos Amanda, tiene un trastorno alimentario. Está preocupada por la idea de que está gorda y que todo el mundo la juzga por ello. El problema es tal que se niega a tomar cualquier tipo de transporte público porque teme que la gente se burle de su peso. Este concepto de sobrepeso le ha llevado a la bulimia.

Con la TCC, vemos el estado emocional de las personas debido a cómo interpretan o piensan sobre una situación y no como un resultado inevitable de algo. Veamos que Amanda no quiere coger el autobús.

Como está preocupada por su peso y su aspecto, no es raro que suponga que los demás tienen la misma preocupación. Es posible que suba al autobús y se dé cuenta de que alguien la mira. Su pensamiento inicial será: "Esa persona piensa que estoy gorda y que no debería estar en público". Esto refuerza su idea de que está gorda y necesita perder peso y la hace sentir mal.

No obstante, si pones a otra persona en esa situación, puede llegar a la conclusión de que la persona que la mira la admira. Si Amanda tuviera este proceso de pensamiento, no se sentiría mal en absoluto.

Por lo tanto, no tenemos dos situaciones idénticas que hayan terminado en que cada persona se sienta de forma diferente al final. Cada persona ha intentado explicar, entender e interpretar la razón por la que una persona del autobús le ha mirado. Aun así, ambos tienen pensamientos muy diferentes sobre la situación.

Esto es lo que se conoce como pensamientos automáticos. Se producen muy rápidamente. Pueden ser útiles y darnos la oportunidad de evaluar una situación rápidamente, pero a veces son poco realistas y negativos. Si los pensamientos son a menudo autocríticos, no es tan difícil entender por qué una persona puede acabar sintiéndose deprimida debido a sus pensamientos.

La TCC tiene una mayor cantidad de investigaciones realizadas sobre ella que cualquier otra psicoterapia a la hora de tratar los trastornos alimentarios. Esto es especialmente cierto cuando se trata de la bulimia nerviosa.

Cuando comienzas a utilizar la TCC para los trastornos alimentarios, el objetivo es comenzar a llevar un diario de tus hábitos alimentarios y pensamientos, así como de las diferentes situaciones que te hicieron sentir de cierta manera. Esto aumentará tu conciencia de que los desórdenes alimentarios han tenido lugar cuando surgen ciertos sentimientos o pensamientos. Esto te ayudará a salir del piloto automático y a retomar el control de tus hábitos alimentarios.

Es esencial ir poco a poco en esto porque simplemente distinguir del pensamiento y el sentimiento puede ser difícil de hacer. También puede ser útil aprender la diferencia entre las emociones, en particular el dolor y la ira. Aparte de empezar un diario de comidas, veamos otras actividades importantes de la TCC que deberías hacer.

Evaluación del autocuidado

El autocuidado es todo lo que hace para mantener una buena salud y ayudar a su bienestar general. Es posible que algunas de las cosas que se indican a continuación ya formen parte de su rutina habitual. En cambio, es posible que encuentres algunas cosas que no haces o que haces en exceso. En esta evaluación, tienes que pensar en la frecuencia o la calidad con que realizas estas diferentes actividades de autocuidado. El objetivo es conocer tus propias necesidades de autocuidado viendo las áreas en las que necesitas prestar más atención.

No hay respuestas correctas o incorrectas en esta evaluación, pero debes rellenarla con sinceridad. Si no estás seguro, puedes preguntar a otras personas cómo creen que te va en algunas de estas categorías, pero lo mejor es que hagas una autoexploración y las respondas por ti mismo.

Esta lista no es exhaustiva, pero es un buen punto de partida para empezar a pensar en tus necesidades.

Para cada una de las cosas que aparecen a continuación, la marcarás con un uno, un dos o un tres. Un uno significa que haces esa cosa mal, que rara vez la haces o que nunca la haces. Dos significa que haces esa cosa bien, o que la haces a veces.

Tres significa que hago esa cosa muy bien, o que la hago a menudo. A continuación, puedes marcar cualquiera de estas cosas con una estrella, lo que significa que te gustaría mejorar ese punto.

Es importante saber que puedes pensar que estás comiendo de forma saludable para las personas con un trastorno alimentario, pero puede que no sea así. También podrías pensar que estás haciendo una cantidad normal de ejercicio, pero podrías estar haciendo demasiado. Por favor, ten en cuenta estas cosas.

Autocuidado físico

- Descansar cuando se está enfermo
- Acudir regularmente a las citas con el médico (incluido el dentista)
- Dormir lo suficiente
- Participar en actividades divertidas
- Comer regularmente (al menos tres comidas al día)
- Llevar ropa que me ayude a sentirme bien
- Hacer ejercicio (unos 150 minutos a la semana)

- Cuidar la higiene personal (bañarse regularmente, cepillarse los dientes, peinarse)
- Comer alimentos saludables
- Autocuidado físico general

Autocuidado emocional y psicológico

- Hablar de mis problemas
- Encontrar razones para reírse
- Hacer algo reconfortante
- Ir de excursión o de vacaciones
- Reconocer mis logros y puntos fuertes
- Expresar mis sentimientos de forma saludable
- Aprender cosas nuevas que no estén relacionadas con la escuela o el trabajo
- Alejarme de las distracciones
- Participar en aficiones
- Tomar tiempo libre de la escuela, el trabajo y otras obligaciones
- Autocuidado emocional y psicológico general

Autocuidado social

- Mantener el contacto con los amigos

- Tener tiempo íntimo con mi pareja

- Realizar actividades agradables con los demás

- Pedir ayuda a los demás cuando sea necesario

- Pasar tiempo a solas con mi pareja

- Conocer gente nueva

- Mantener conversaciones estimulantes

- Escribir o llamar a familiares o amigos que viven lejos

- Pasar tiempo con la gente que me gusta

- Autocuidado social general

Autocuidado espiritual

- Apreciar el arte que me impacta (libros, cine, películas)

- Participar en una causa que me parezca importante

- Reservar tiempo para la reflexión y el pensamiento

- Actuar de acuerdo con mis valores y mi moral

- Reconocer las cosas que dan sentido a mi vida

- Rezar

- Meditar

- Pasar tiempo en la naturaleza
- Autocuidado espiritual general

Autocuidado profesional

- Abogar por unas prestaciones y un salario justos y por otras necesidades
- Mantener un espacio de trabajo cómodo que me permita tener éxito
- Mantener el equilibrio entre el trabajo y la vida privada
- Tomar descansos
- Dedicar tiempo a hablar y establecer una relación con los compañeros de trabajo
- Aprender cosas nuevas relacionadas con mi trabajo
- Aceptar proyectos que me resulten gratificantes e interesantes
- Decir no a las responsabilidades excesivas
- Mejorar mis habilidades profesionales
- Habilidades profesionales en general

Capítulo 9

Abuso de sustancias

L a adicción es una enfermedad que se caracteriza por el consumo de una sustancia a pesar de los graves problemas relacionados con ella, como la pérdida de control sobre el consumo, las consecuencias sociales negativas o los problemas de salud. Los signos más comunes de la adicción son:

- Pérdida de control sobre el consumo de sustancias

    o Experimentar antojos

    o Tiempo considerable dedicado a consumir, obtener o recuperarse de la sustancia

- o Dificultad para reducir el consumo de la sustancia
- o Consumir más cantidad de la sustancia de la que se pretende
- Problemas laborales o sociales
    - o Disminución o abandono de un trabajo importante o de actividades sociales
    - o Problemas sociales debidos al consumo continuado
    - o No cumplir con las principales obligaciones del hogar, el trabajo o la escuela
- Uso arriesgado
    - o Problemas psicológicos o físicos causados por el consumo continuado
    - o Utilización de la sustancia en situaciones en las que crea un peligro físico
- Efectos físicos
    - o Experimentar síntomas de abstinencia cuando se deja de consumir la sustancia
    - o Crear una tolerancia y necesitar más para obtener el efecto deseado

Mediante el uso de la TCC, puedes detectar los pensamientos automáticos que te hacen sentir que tienes que consumir una determinada sustancia. A menudo, las adicciones se crean porque una persona intenta automedicarse utilizando alcohol o drogas.

A pesar de algunas nociones preconcebidas que la gente tiene sobre la adición, estos son los hechos que debes conocer:

1. La adicción es realmente una enfermedad. La adicción crea cambios en el funcionamiento y la estructura del cerebro. No se debe a una mala fuerza de voluntad o a algún tipo de defecto de carácter.

2. La adicción se produce lentamente y no siempre es fácil de notar. Muchas personas con adicción pueden funcionar bien en algunas áreas de su vida pero tienen problemas en otras.

3. La recaída significa que se vuelve a consumir una sustancia de forma habitual después de un cierto periodo de sobriedad. Por otro lado, una recaída es un único incidente de consumo sin volver a caer en sus antiguos patrones.

4. Las recaídas pueden ocurrir en cualquier momento durante la recuperación, que es una batalla de por vida. Las personas en recuperación corren un mayor riesgo cuando experimentan periodos de estrés.

Evaluación del consumo de sustancias

Cuando se trata de una adicción, es útil tener una idea de las sustancias a las que podrías ser adicto y del tiempo que te han afectado. Más abajo encontrarás una lista de sustancias. Para las que has consumido, rellena la información que hay debajo. Hazlo aunque nunca te hayas hecho adicto a la sustancia. Si no sabes los datos concretos, da tu mejor estimación.

- Alcohol
  - Edad del primer uso:
  - Cuándo lo usaste por última vez:
  - Frecuencia del último consumo:
  - ¿Esta sustancia fue alguna vez un problema?

- Benzodiacepinas (Xanax, Valium, etc.)

  - Edad del primer uso:

  - Cuándo lo usaste por última vez:

  - Frecuencia del último consumo:

  - ¿Esta sustancia fue alguna vez un problema?

- Cocaína

  - Edad del primer uso:

  - Cuándo lo usaste por última vez:

  - Frecuencia del último consumo:

  - ¿Esta sustancia fue alguna vez un problema?

- Crack

  - Edad del primer uso:

  - Cuándo lo usaste por última vez:

  - Frecuencia del último consumo:

  - ¿Esta sustancia fue alguna vez un problema?

- Alucinógenos (LSD, mescalina, etc.)

  - Edad del primer uso:

  - Cuándo lo usaste por última vez:

- o Frecuencia del último consumo:

- o ¿Esta sustancia fue alguna vez un problema?

- Heroína

  - o Edad del primer uso:

  - o Cuándo lo usaste por última vez:

  - o Frecuencia del último consumo:

  - o ¿Esta sustancia fue alguna vez un problema?

- Inhalantes

  - o Edad del primer uso:

  - o Cuándo lo usaste por última vez:

  - o Frecuencia del último consumo:

  - o ¿Esta sustancia fue alguna vez un problema?

- Marihuana

  - o Edad del primer uso:

  - o Cuándo lo usaste por última vez:

  - o Frecuencia del último consumo:

  - o ¿Esta sustancia fue alguna vez un problema?

- Metanfetamina

  - Edad del primer uso:

  - Cuándo lo usaste por última vez:

  - Frecuencia del último consumo:

  - ¿Esta sustancia fue alguna vez un problema?

- Metadona

  - Edad del primer uso:

  - Cuándo lo usaste por última vez:

  - Frecuencia del último consumo:

  - ¿Esta sustancia fue alguna vez un problema?

- MDMA

  - Edad del primer uso:

  - Cuándo lo usaste por última vez:

  - Frecuencia del último consumo:

  - ¿Esta sustancia fue alguna vez un problema?

- PCP

  - Edad del primer uso:

  - Cuándo lo usaste por última vez:

- o Frecuencia del último consumo:

- o ¿Esta sustancia fue alguna vez un problema?

- Medicamentos recetados (Vicodin, oxy, etc.)

  - o Edad del primer uso:

  - o Cuándo lo usaste por última vez:

  - o Frecuencia del último consumo:

  - o ¿Esta sustancia fue alguna vez un problema?

- Otros (enuméralos)

Ahora, responde a cada una de estas preguntas con un sí o un no. No pienses demasiado tus respuestas. Si no lo sabes, sigue tu primer instinto.

¿Tus relaciones con la familia o los amigos se han visto perjudicadas o afectadas por tu consumo de alcohol o drogas?

¿Has tenido problemas para reducir o terminar tu consumo de sustancias?

¿Has faltado alguna vez al trabajo o has tenido una productividad reducida debido a tu abuso de sustancias?

¿Has utilizado alguna vez una sustancia para automedicarte por la ira, la ansiedad, la depresión u otras emociones negativas?

¿Has experimentado alguna vez fuertes deseos de consumir una sustancia?

¿Has desarrollado una tolerancia a una sustancia que te ha obligado a consumir más para alcanzar el nivel de intoxicación deseado?

¿Has conducido un vehículo o participado en una actividad peligrosa mientras estabas bajo la influencia?

¿Has abandonado alguna vez actividades saludables o placenteras debido a tu consumo de sustancias?

¿Has participado alguna vez en acciones sexuales de riesgo mientras estabas bajo la influencia?

¿Has experimentado alguna vez síntomas de abstinencia, como irritabilidad, malestar físico o dolor de cabeza debido a la abstinencia de la sustancia?

Plan de prevención de recaídas

Cuando se trata de conseguir la sobriedad, la recaída es una de las cosas que más miedo da. Elaborar un plan de prevención de recaídas puede ayudar a aliviar esta preocupación.

Lo primero que tienes que hacer es pensar en algunas habilidades de afrontamiento. Enumera las habilidades o actividades que te gustan para ayudarte a dejar de consumir.

_____

_____

_____

Seguidamente, piensa en tres personas con las que sepas que puedes hablar si empiezas a pensar en consumir. Es una buena idea y se enseña en las reuniones de 12 pasos que tengas un padrino, y debería ser una de estas tres personas. Ellos han estado donde tú estás, así que pueden ayudarte más que alguien que nunca ha experimentado la adicción.

_____

_____

También ayuda escribir las consecuencias. ¿Cómo va a cambiar tu vida si recaes? ¿Cómo será tu vida si te mantienes sobrio? Haz dos columnas y responde a esas preguntas.

Consejos para evitar las recaídas:

1. Los antojos pasarán. Haz lo posible por distraerte y aguantar.

2. No te permitas caer en la autocomplacencia. La recaída puede acabar ocurriendo años después de haber dejado de consumir. Nunca habrá un momento en el que sea seguro "tomarse solo uno".

3. Evita las situaciones que sabes que pueden ponerte en riesgo de recaer, como pasar tiempo con amigos que todavía consumen o ir a lugares que pueden desencadenar tu pasado.

4. La decisión de recaer solo se toma una vez que te colocas en una situación de riesgo, mucho antes de decidirte a consumir de nuevo.

5. No veas la recaída como un fracaso. Volver a caer en tus viejos patrones debido a una recaída solo va a empeorar la situación.

Capítulo 10

Fobias

L as fobias son miedos irreales a algo. Puede ser un insecto, un animal, una situación o un objeto. Las fobias se diagnostican cuando la ansiedad ante el estímulo temido es tan intensa que provoca demasiado estrés o impide a la persona funcionar con normalidad. Las fobias pueden tratarse y tienen más posibilidades de obtener buenos resultados que otros problemas psicológicos.

No hay duda de que el mejor tratamiento para la fobia es la TCC. Muchos estudios han demostrado que las personas que se someten a un curso corto de TCC tienen las mejores posibilidades de mejorar. En torno al 80-90 por ciento de las personas que se someten a la TCC para las fobias muestran una remisión completa en su décima sesión. Si se compara esto con otras terapias de conversación, solo tienen un 60 por ciento de posibilidades de mejora.

La TCC para las fobias consiste en separar la respuesta del miedo. La TCC puede hacer esto encontrando primero los patrones de pensamiento irracionales o problemáticos. Le ayuda a adoptar nuevas formas de pensar sobre un elemento o situación desafiante. Cuando estos patrones de pensamiento son más realistas y útiles, la TCC puede ayudar a las personas a extinguir su respuesta dándoles formas que les ayuden a enfrentarse al miedo sin sentirse ansiosos. Mediante la TCC, la mayoría de las personas mostrarán mejoras para la quinta sesión.

La TCC será diferente para cada persona y se adaptará a sus propias necesidades. Pero la TCC para las fobias suele incluir una combinación de entrenamiento de mindfulness, exposición sistemática y reestructuración cognitiva.

Examinando las evidencias

Cada vez que se cuestionan las pruebas en las que se basa una creencia básica, la creencia básica puede cambiarse. Pero esto puede ser difícil, ya que no todas las pruebas se tratan igual. La información que puede apoyar una creencia central puede integrarse fácilmente, y esto solo hace que la creencia sea más fuerte. La información que no apoya la creencia se ignora.

Este ejercicio te ayudará a ver las pruebas a favor y en contra de tus creencias básicas, y esto incluye pruebas que podrías haber rechazado antes. El ejercicio te enseñará primero a realizar el modelo de procesamiento de la información dándote ejemplos, pero habrá un espacio en el que podrás examinar y cuestionar tus creencias básicas.

Tienes que tener un conocimiento básico de las creencias centrales, y necesitas conocer al menos una creencia central antes de utilizar esta hoja de trabajo. Tus creencias fundamentales son tus ideas más importantes sobre el mundo, los demás y tú mismo. Estas creencias actuarán como una lente a través de la cual se ve cada situación y experiencia de la vida.

A medida que tengas nuevas experiencias, tus creencias básicas pueden cambiar, pero algunas experiencias tienen un mayor impacto que otras. La información que apoya una creencia central puede integrarse fácilmente, y esto solo hace que la creencia sea más fuerte. Cualquier información que no apoye una creencia será ignorada.

Cuál es tu creencia central

Para esta parte del ejercicio, tienes que averiguar una fobia que tengas.

"Odio las serpientes".

Ahora tienes que hacer tres columnas en un papel. En la columna del extremo izquierdo, tienes que escribir toda la información que apoya tu fobia. En la columna del medio, escribirás toda la información que hayas rechazado antes. En la columna de la derecha, escribirás cualquier información que puedas cambiar antes de integrarla en tu creencia central.

Información que apoya tu creencia central

"Las serpientes pueden matar".

"Las serpientes son venenosas".

"Las serpientes son babosas".

Información que has rechazado

"No todas las serpientes son venenosas".

"Las serpientes son escamosas, no viscosas".

"Las serpientes solo matan a sus presas".

Información que has modificado

"No todas las serpientes son venenosas, pero todas las serpientes tienen colmillos y pueden morderme".

"Las serpientes pueden asustarse y morderme por miedo".

"Las serpientes son viscosas cuando mudan de piel, así que ese dato es cierto".

Jerarquía de la exposición

Esta es una herramienta básica de TCC para ayudar a tratar la ansiedad. Puedes utilizarla para introducir tu fobia poco a poco. Empieza por hacer una lista de todo lo que te da miedo y luego calcula la intensidad de tu ansiedad cuando ves esos estímulos. Poco a poco te irás exponiendo a esos estímulos, pero empieza por el que menos ansiedad te produzca.

Lo primero que tienes que hacer es describir, utilizando términos amplios, todas las cosas que te producen ansiedad:

_____

_____

_____

_____

Ahora, describe algunas situaciones relacionadas con tu ansiedad que te hagan sentir varios niveles de malestar. Utilizando una calificación de cero a diez, siendo cero nada ansioso y diez extremadamente ansioso, y califica cuánto te afectan estas situaciones:

_____

_____

_____

_____

Capítulo 11

Traumas

M uchos adultos tendrán algunos recuerdos dolorosos de su pasado. Algunos de ellos no serán tan malos, como cuando te avergüenzas de ti mismo, o puede que te avergüences cada vez que pienses en ellos años después. Luego, tienes los más pesados, como el arrepentimiento, la pérdida y el desamor. Estos recuerdos son algo más que algunas imágenes y hechos. Conllevan poderosas emociones que te hacen sentir como si te hubieran golpeado en el estómago cada vez que aparecen.

Al hablar de trauma, las cosas también se llevan al extremo. Los recuerdos traumáticos están tan llenos de emociones que incluso algunos de los recuerdos más pequeños. El mero hecho de oír el claxon de un coche puede provocar a alguien un ataque de pánico. Un olor puede hacer que otra persona entre en cólera.

La mayoría de los supervivientes de un trauma intentarán evitar cualquiera de esos recuerdos porque nadie quiere exponerse a sabiendas a algo que le cause un gran dolor. Sin embargo, este acto de evitar el trauma a menudo puede causar más daño que bien. Tratar de evitar estas cosas puede hacer que el trauma sea aún más doloroso, y hay desencadenantes de los que simplemente no puedes alejarte.

Trauma por COVID-19

Los traumas también pueden ser creados por cosas como las pandemias, como lo que el mundo entero ha enfrentado desde principios de 2020 con COVID-19. Ha puesto patas arriba lo que durante mucho tiempo hemos considerado una vida "normal" y ha hecho que miles de millones de personas experimenten una confusión emocional a la que probablemente nunca se habían enfrentado antes. Aunque no nos demos cuenta, esta agitación emocional está creando un trauma en los adultos. Esto puede acabar causando algunos efectos físicos y mentales graves si no se atiende.

También es muy común que la gente minimice la naturaleza traumática de cosas como una pandemia mundial. Al fin y al cabo, la palabra trauma se suele utilizar para describir experiencias violentas. Sin embargo, no es necesario experimentar la violencia para sufrir un trauma.

Uno de los indicadores clave del TEPT es ver el mundo como un lugar peligroso. La pandemia ha provocado ese miedo en un gran número de personas. Nos sentimos más en guardia o inseguros. Para los adultos que tienen hijos que no pueden ir a la escuela a causa de la pandemia, el estrés y la preocupación aumentan. También sientes que tienes que proteger a tus hijos de lo que está pasando, pero eso no siempre es posible. Esto se acumula y te afecta como cualquier otra forma de trauma.

Todos hemos experimentado la pérdida de la rutina, la interrupción de la escuela, las reuniones familiares y la incapacidad de interactuar con personas fuera de nuestro hogar inmediato.

Una de las cosas más comunes que hará un terapeuta es utilizar la terapia de exposición para ayudar a tratar el trauma. Durante estos tratamientos, el paciente se enfrentará a los recuerdos del trauma poco a poco dentro de un entorno que es seguro. Al exponerse lo suficiente a los recuerdos del trauma, éstos perderán su poder.

Con este ejercicio, exploraremos una técnica única que se conoce como narrativa del trauma. Se trata de una poderosa técnica que permite a los supervivientes enfrentarse a sus recuerdos y superarlos a través de una simple historia.

Qué es la narrativa del trauma

La narración del trauma es un tipo especial de herramienta psicológica que puede ayudar a los supervivientes del trauma a dar sentido a las cosas que han experimentado, al tiempo que actúa como una forma de terapia de exposición a los recuerdos dolorosos.

Si el trauma no se trata, puede hacer que una persona empiece a sentirse como un revoltijo de imágenes, emociones y sonidos. Al realizar una de estas narrativas de trauma, la experiencia traumática se hará contando repetidamente la historia a través del arte, por escrito o por medios verbales. Ampliar y compartir esta narración te permite organizar tus recuerdos, haciéndolos más manejables, lo que puede disminuir el dolor que conllevan.

Las historias de los traumas pueden compartirse hablando de ellos tanto fuera como dentro del tratamiento. A veces este recuento puede ser perturbador, especialmente si ocurre en un lugar que no es apropiado, como la escuela o el trabajo. Aprender a utilizar las narraciones de los traumas te permitirá controlar los posibles problemas.

Utilización de la narrativa del trauma

Psicoeducación

Al igual que con cualquier otro tipo de terapia de exposición, es útil utilizar primero la psicoeducación. El terapeuta que elijas debe conocer los fundamentos del trauma, la importancia de tratarlo y las formas en que la terapia de exposición puede funcionar.

Una visión general de la psicoeducación sobre el trauma va más allá de lo que este capítulo puede cubrir, pero aquí hay algunos puntos clave:

- Es perfectamente normal que te sientas incómodo cuando hablas de tu trauma. Al trabajar con un terapeuta, nunca correrás peligro. Si te resulta demasiado incómodo, siempre puedes parar.

- Después de estar expuesto a los recuerdos traumáticos lo suficiente, no serán tan poderosos.

- Intentar evitar los recuerdos traumáticos puede parecerte bien en ese momento, pero empeorará tus síntomas cuando aparezcan.

- El trauma es una reacción muy típica a algunas experiencias, y la forma en que cada persona manejará esto va a ser única.

Creando una narrativa

Muchas narraciones de traumas requerirán varias sesiones para ser superadas. La rapidez con la que puedas hacerlo dependerá de tu nivel de comodidad, de la cantidad de detalles que puedas compartir y del criterio de tu terapeuta.

- **Empezar por los hechos**

Cuando cuentes tu historia por primera vez, debes asegurarte de mantenerte centrado en lo que ocurrió exactamente. Repasa los detalles de la experiencia traumática. La narración del trauma será más eficaz si puedes escribirla. Pero para algunas personas, es difícil empezar con un lienzo en blanco. Si este es el caso, hablar de los detalles del suceso hace más fácil ayudar a escribir las cosas más adelante.

Si ves que los hechos son demasiado difíciles de afrontar en su conjunto, puedes desglosarlos. Puedes escribir entradas separadas sobre las cosas que sucedieron después, durante y antes del trauma.

- **Añadir sentimientos y pensamientos**

Después de haber escrito todos los hechos del trauma, es el momento de revisarlo y añadir más detalles. Lee lentamente el relato y añade los sentimientos o pensamientos que hayas experimentado durante el trauma. También puedes revisar los hechos durante este tiempo si lo necesitas.

Intenta alejarte de cualquier pensamiento irracional o desafiante en este momento. Utiliza preguntas abiertas que puedan ayudarte a explorar tus sentimientos y pensamientos. No intentes profundizar demasiado en este momento. Eso vendrá después.

- **Profundizar un poco más**

A medida que te sientas más cómodo contando tu historia, puedes empezar a centrarte en las partes más incómodas. Intenta compartir tus peores momentos o recuerdos sobre el trauma. Profundiza todo lo que puedas añadiendo tantos detalles como sea posible.

Y si esta parte es demasiado dura en este momento, puedes ir más despacio. Dedica algún tiempo a revisar lo que has escrito y añade más detalles si puedes. Puedes utilizar indicaciones como añadir cosas que hayas notado con tus sentidos y cómo te sentiste y pensaste durante los momentos más duros.

- **Reúnelo todo**

Una vez que lo tengas todo escrito y lo hayas releído con detalle, debería resultarte más fácil hablar de ello. Ahora puedes añadir algunas habilidades cognitivas. Repasa tu historia una vez más, pero esta vez intenta rebatir cualquier pensamiento irracional. Puedes cambiar cualquier apartado si lo deseas.

Ahora tienes que escribir un párrafo más sobre cómo te sientes ahora en comparación con el momento en que se produjo el trauma. ¿Has aprendido algo? ¿Te sientes más fuerte? ¿Qué podrías decirle a alguien que ha pasado por lo mismo?

Traumas múltiples

Es posible que hayas vivido más de una experiencia traumática, como estar en una relación abusiva durante mucho tiempo o haber servido en el ejército durante tiempos de guerra. Tómate un tiempo para averiguar qué incluye tu relato y qué cosas has dejado fuera.

En lugar de tener una sola narración, podrías decidir elaborar tu propia "narración de la vida", o algo que tenga una línea de tiempo que se ajuste más a los incidentes. También puedes crear una línea de tiempo que te sirva de guía y luego centrarte en una sola experiencia.

Reacciones comunes al trauma

Las reacciones al trauma pueden ser dolorosas, personales y únicas. Puede haber momentos en los que una reacción parece aleatoria, como si no tuviera nada que ver con el trauma. Otras veces, simplemente son demasiado. Estas pueden ser abrumadoras, dolorosas y vívidas. El primer paso en la mayoría de las intervenciones sobre el trauma consiste en hacer que estas reacciones sean normales y mostrarles que no están solos, equivocados o rotos.

Este ejercicio te permite resumir las reacciones y los síntomas comunes que la mayoría de las personas experimentan después del trauma. El objetivo principal de este ejercicio es normalizar y validar sus reacciones al trauma. Esto puede tener varios beneficios. Los síntomas que podrían parecer incontrolables y aleatorios ahora se han vinculado a un trauma, lo que puede generar la esperanza de que puedan ser tratados.

Este ejercicio es mejor cuando se utiliza como estímulo para hablar de su respuesta al trauma. Intenta describir lo mejor posible tus comportamientos, sentimientos y pensamientos que has experimentado desde que ocurrió el trauma. Puedes utilizar este recurso como una hoja de ruta para tu recuperación.

Reexperimentación del trauma

Puedes reexperimentar el trauma a través de recuerdos, sentimientos, pensamientos u otras formas. Reexperimentar el trauma puede ser extremadamente angustioso y puede desencadenar emociones que pueden ser incómodas, como la tristeza, la ira o el miedo.

Podrías experimentar:

- Respuestas físicas o malestar emocional después de experimentar un recuerdo del trauma
- Sentimientos y pensamientos angustiosos sobre el trauma
- Repeticiones
- Pesadillas

Evitar los recuerdos traumáticos

Dado que recordar el trauma puede ser angustioso, está muy extendido que los supervivientes eviten estas reacciones. Podrías:

- Evitar hablar del trauma

- Suprimir cualquier pensamiento relacionado con el trauma

- Evitar cosas, lugares y personas que le recuerden el trauma

- Evitar las actividades relacionadas con el trauma

- Consumir alcohol o drogas para suprimir cualquier emoción o pensamiento incómodo

Sentimientos o pensamientos negativos

Los sentimientos o pensamientos negativos pueden comenzar o empeorar después de haber experimentado un trauma. Es posible que algunos de esos sentimientos y pensamientos no parezcan estar relacionados con el trauma en absoluto. Es posible:

- Tener excesivos pensamientos negativos sobre uno mismo o sobre el mundo

- Tener amnesia temporal relacionada con el trauma

- Que te cuesta experimentar sentimientos positivos

- Que te sientas aislado o desconectado de tu entorno

- Perder el interés por las actividades que normalmente te gustan

- Que te culpes a ti mismo o a los demás en relación con el trauma

Hiperactividad

Es la forma en que reaccionas, o puedes sentirte "al límite". Esto puede empeorar después de experimentar un trauma. Puede incluir una amplia gama de síntomas psicológicos y físicos como:

- Comportamientos impulsivos o arriesgados

- Sensación de ansiedad u otros síntomas como dolores de cabeza, malestar estomacal o corazón acelerado

- Problemas para dormir

- Mirar a tu alrededor para ver cualquier cosa que te recuerde el trauma

- Problemas de concentración

- Asustarse con facilidad

- Volverse agresivo, enfadado o irritable

Capítulo 12

Autolesiones

L a investigación ha descubierto que la TCC después de que una persona se haya autolesionado fue un tratamiento muy eficaz. La autolesión es un "acto intencionado de autolesión o autoenvenenamiento no mortal". Es muy común, especialmente en adultos de entre 15 y 35 años. Normalmente se repite y se ha asociado al suicidio. Por eso, las personas que se autolesionan necesitan encontrar un buen terapeuta que les ayude.

Aunque algunas personas pidan ayuda, las autolesiones pueden ser descubiertas por amigos o familiares. El médico puede encontrar indicios de autolesiones al realizar un examen rutinario, como heridas recientes o cicatrices.

No existe una prueba definitiva para diagnosticar las autolesiones. El diagnóstico se basa en la evaluación psicológica o física. Es posible que te remitan a un terapeuta con experiencia en el tratamiento de personas que se autolesionan.

Un terapeuta podría evaluarte por otros trastornos de salud mental que podrían estar relacionados con las autolesiones, como los trastornos de personalidad o la depresión. Si este es el caso, la evaluación podría incluir otras herramientas como pruebas psicológicas o cuestionarios.

No hay una única forma de tratar las autolesiones, pero el primer paso es contárselo a alguien de confianza para poder encontrar ayuda. El tratamiento se basará en tus problemas específicos y en cualquier otro trastorno relacionado que puedas tener. Dado que las autolesiones pueden convertirse en una parte importante de tu vida, lo mejor es que te trate un profesional de la salud mental con experiencia en el tratamiento de las autolesiones.

Si tus autolesiones están asociadas a trastornos mentales como el trastorno límite de la personalidad o la depresión, tu plan de tratamiento se centrará en ese trastorno junto con tus autolesiones.

El tratamiento de las autolesiones puede llevar algún tiempo, mucho trabajo por tu parte y tu deseo de mejorar.

Tienes algunas opciones de tratamiento, y la psicoterapia es una de ellas. La psicoterapia puede ayudar a:

- Encontrar habilidades saludables que le ayuden a resolver sus problemas

- Crear habilidades que le ayuden a mejorar sus capacidades sociales y de relación

- Encontrar formas de mejorar la imagen que tienes de ti mismo

- Encontrar una forma de manejar tus emociones

- Encontrar habilidades que te ayuden a gestionar el estrés

- Encontrar y gestionar cualquier problema subyacente que pueda estar desencadenando tu autolesión

Hay muchos tipos de psicoterapia que podrían ayudarte como:

- La terapia basada en mindfulness te ayudará a vivir cada momento. Puede ayudarte a percibir las acciones y los pensamientos de las personas que te rodean para disminuir tu depresión y ansiedad al tiempo que mejoras tu bienestar.

- Terapia dialéctica conductual: es un tipo de TCC que te enseñará habilidades para ayudarte a manejar el estrés, gestionar tus emociones y mejorar tus relaciones con otras personas.

- La TCC puede ayudarte a encontrar todas las conductas y creencias negativas y poco saludables y a sustituirlas por otras adaptativas y saludables.

Además de la terapia individual, puede ser necesaria la terapia de grupo o familiar.

Evaluación del suicidio

Puedes utilizar el ejercicio de evaluación del suicidio para observar los diferentes factores relacionados con el riesgo de suicidio de una persona. Cada punto representa un factor de riesgo que tendrá una fuerte correlación con el suicidio. Este ejercicio puede ayudarte a asegurarte de que estás cubriendo bases importantes a la hora de cuestionar los pensamientos suicidas mientras creas una buena documentación.

Este ejercicio pretende ayudar a emitir un juicio sobre los pensamientos suicidas. No es de ninguna manera una herramienta de diagnóstico. Puedes estar en riesgo de suicidio incluso si no muestras ninguno de los signos de advertencia.

Para la lista de abajo, tendrás que responder "sí" o "no" para cada uno:

- Antecedentes familiares de suicidio

- Han intentado suicidarse anteriormente

- Tiene acceso a drogas, armas de fuego u otros medios de suicidio

- Tiene un plan sobre la forma de suicidarse

- Ideas recientes sobre el suicidio

- Amenazas recientes de suicidio

- Abuso actual de sustancias

    o o Si es así, ¿ha aumentado el abuso de sustancias?

- Estrés reciente como enfermedad, pérdida de una relación, problemas financieros

Para las cuestiones que se enumeran a continuación, tendrás que dar a cada una de ellas una puntuación entre uno y cinco, siendo uno lo mínimo y cinco lo máximo.

- **Depresión**

- **Desesperanza**

- **Apoyo social**

- **Control de los impulsos**

- **Ansiedad o agitación**

Plan de seguridad

Si crees que tú mismo o un ser querido corre el riesgo de autolesionarse o suicidarse, pero no ha alcanzado el nivel de gravedad necesario para la hospitalización, es normal que elabores un plan de seguridad.

Con un buen plan de seguridad puedes entender las señales de alarma personales que pueden indicarte que necesitas buscar ayuda. En situaciones que no son tan graves, tener algunas habilidades de afrontamiento puede funcionar. Si se necesita algo más, este ejercicio tiene lugares donde puedes escribir las personas a las que puedes acudir en caso de necesidad. Este ejercicio también tiene algunos números de teléfono para ayudarte a ponerte en contacto con profesionales en caso de que los necesites.

Los planes de seguridad deben utilizarse con cuidado y con buen criterio. Asegúrate de hacer primero la evaluación del suicidio.

Saber cuándo pedir ayuda

Debes hacer una lista de las señales de advertencia que conozcas cuando empieces a luchar contra un problema. Esto podría incluir comportamientos, sentimientos o pensamientos.

Habilidades de afrontamiento

Deberás anotar las cosas que puedes hacer y que te ayudarán a alejar tu mente de los problemas. ¿Hay algún obstáculo que te impida utilizar tus habilidades de afrontamiento?

_____

_____

_____

_____

Apoyo social

Si no puedes manejar tu estado de ánimo estresado por ti mismo, ponte en contacto con familiares o amigos en los que confíes. Anota varias personas a las que puedas llamar si tu primera opción no está disponible. Asegúrate de anotar también sus datos de contacto.

_____

_____

_____

_____

Ayuda profesional

Si tus problemas persisten, o si empiezas a tener más pensamientos suicidas, ponte en contacto con algún tipo de ayuda profesional:

Líneas telefónicas de ayuda al suicidio dentro de los Estados Unidos:

- 1-800-SUICIDE

- 1-800-273-TALK

- 1-800-799-4889 para personas con problemas de audición o sordas

A continuación, puedes enumerar los profesionales que conozcas o el número de emergencia de tu localidad:

_____

_____

_____

_____

Exploración del estrés

El estrés puede ser una sensación de agotamiento, desgaste, agobio o tensión. Un poco de estrés puede ser motivador, pero demasiado puede hacer que la más pequeña de las tareas parezca abrumadora. Hay un momento en el que varios problemas pequeños acumulan estrés, pero en otras ocasiones, es el resultado de problemas a largo plazo o de cambios masivos en la vida.

El presente ejercicio puede ayudarte a conocer tus factores de estrés y otros factores que pueden protegerte del mismo. Los factores estresantes pueden ser los problemas cotidianos, los grandes cambios vitales y las circunstancias de la vida. Algunas de las cosas que pueden protegerte del estrés pueden ser los factores de protección, las estrategias de afrontamiento saludables y los estímulos diarios.

Dado que el estrés contribuye a otros tipos de problemas mentales, este ejercicio encajará bien con otros planes de tratamiento.

Factores que pueden contribuir al estrés

Enumera tus mayores factores de estrés para las siguientes categorías y dales una calificación del uno al diez, siendo el uno "un poco estresante" y el diez "extremadamente estresante".

- Problemas diarios

Serán cosas comunes que te molestan o simplemente las tensiones de la vida cotidiana como las discusiones con tu pareja, el poco o nulo tiempo libre, los deberes, la falta de sueño, los problemas en el trabajo, las tareas, el tráfico, etc. No te olvides de puntuarlas.

- Cambios en la vida

Serán acontecimientos negativos y positivos que te obliguen a hacer grandes ajustes, como una lesión, una enfermedad, una mudanza, una muerte, un nuevo trabajo, un divorcio, el nacimiento de un hijo, etc. No te olvides de calificarlos.

_____

_____

_____

_____

- Circunstancias de la vida

Se trata de cualquier circunstancia permanente o de larga duración que te haga la vida más difícil, como vivir en un lugar inseguro, que no te guste tu trabajo, la discriminación, los valores que entran en conflicto con tu cultura, las enfermedades crónicas, las dificultades económicas, etc. No te olvides de darles una puntuación.

_____

_____

_____

_____

Factores que pueden protegerle contra el estrés

Describe las cosas en tu vida que te ayudan a contrarrestar el estrés.

- Subidas diarias

Se trata de cualquier experiencia positiva que te haga sentir feliz, como pasar tiempo en la naturaleza, actividades que te gusten, pasar tiempo con amigos, comer tus alimentos favoritos, etc.

- Estrategias de afrontamiento saludables

Se trata de cualquier acción positiva que te ayude a controlar o reducir el estrés u otras emociones incómodas, como las técnicas de relajación, llevar un diario, cuidar de ti mismo, hablar de tus problemas, hacer ejercicio, etc.

- Factores de protección

Se trata de cualquier circunstancia de la vida o característica individual que pueda protegerte del estrés, como la educación, la motivación hacia el éxito, el apoyo de la familia, la buena salud, la seguridad financiera, etc.

Conclusión

Muchas gracias por haber llegado hasta el final de *Terapia Cognitivo Conductual para Adultos*. Confiamos en que haya sido informativo y capaz de proporcionarte todas las herramientas que necesitas para lograr tus objetivos, sean cuales sean.

El siguiente paso es comenzar a utilizar las técnicas para ayudar a mejorar tu vida y tu salud mental. Jamás es demasiado tarde para empezar a mejorar. Si bien es cierto que pasará algún tiempo antes de que empieces a ver grandes resultados, debes saber que el esfuerzo y el tiempo que dediques a estas técnicas darán sus frutos. Algunas de estas hojas de trabajo y planes se solapan, así que utiliza la que creas que te puede ayudar más, incluso si está en la lista de algo con lo que no tienes problemas. Sigue trabajando en ello y estoy seguro de que verás mejoras.

Hacer cambios significativos en tu psique puede parecer un reto, pero es posible. Todo lo que necesitas es una onza de fuerza de voluntad para hacer un cambio en tu vida y en tu salud. Si tienes esa onza de fuerza de voluntad, puedes hacer cualquier cosa que te propongas. Puedes mejorar tu vida diez veces. Puedes hacerlo.

Finalmente, si este libro te ha resultado útil de alguna manera, ¡una reseña en Amazon siempre es apreciada!

Made in United States
Troutdale, OR
01/03/2024

16590978R10249